LE GUIDE COMPLET DES SANDWICHS VÉGÉTALIENS

100 DÉLICIEUSES RECETTES DE SANDWICHS VÉGÉTALIENS : 11 TYPES DE SANDWICHS DIFFÉRENTS

SOPHIE MORIN

© COPYRIGHT 2022 TOUS DROITS RÉSERVÉS

Ce document vise à fournir des informations exactes et fiables sur le sujet et la problématique abordés. La publication est vendue avec l'idée que l'éditeur n'est pas tenu de rendre des services comptables, officiellement autorisés ou autrement qualifiés. Si des conseils juridiques ou professionnels sont nécessaires, une personne ayant exercé la profession doit être mandatée.

Il n'est en aucun cas légal de reproduire, dupliquer ou transmettre toute partie de ce document sous forme électronique ou imprimée. L'enregistrement de cette publication est strictement interdit et tout stockage de ce document n'est autorisé qu'avec l'autorisation écrite de l'éditeur. Tous les droits sont réservés.

Avis de non-responsabilité : informations sur ce livreest vrai et complet au meilleur de notre connaissance. Toute recommandation est faite sans garantie sur l'auteur ou la publication de l'histoire. L'auteur et l'éditeur déclinent toute responsabilité quant à l'utilisation de ces informations

Table des matières

INTRODUCTION..8
1. SANDWICH VÉGAN AU HOUMMUS..................12
2. SANDWICH VÉGAN SUPER SAVOUREUX............13
3. Toast SANDWICH À L'ÉPEAUTRE........................15
4. SANDWICH AU THON VÉGÉTALIEN....................17
5. SANDWICH AU PASTRAMI VÉGÉTALIEN..............19
6. PLOWMAN'S VEGAN AVEC DES TRANCHES DE QUORN..........21
7. ROULEAU DE QUORN AU JAMBON VÉGAN ET SUBSTITUT DE FROMAGE..23
8. ROULEAU DE TORTILLA VEGAN NUGGET QUORN..................25
9. ENVELOPPES DE SAUCISSE QUORN....................27
10. BOUCHÉES DE BÂTONNETS SANS POISSON QUORN..........29
11. BAGUETTE VEGAN QUORN AVEC SALADE DE POULET AU CURRY..31
12. TACOS DE NUGGET VEGAN QUORN FRIT À L'AIR CHAUD ET CHIMICHURRI..33
13. COLLATIONS APÉRITIVES VEGAN QUORN PÂTÉ..................35
14. ENVELOPPEMENTS DE BURGER VÉGÉTARIEN DE STYLE DU SUD QUORN..37
15. BURRITO VÉGÉTARIEN DE QUORN, PATATE DOUCE, HARICOTS NOIRS ET PIMENT CHIPOTLE..............39
16. BURRITOS VÉGÉTARIENS...................................43
17. FAJITAS QUORN EN DÉS AVEC SAUCE À LA MANGUE..........45
18. BAGUETTE QUORN TRANCHES SANS JAMBON FUMÉ VEGAN..47
19. BAGEL À LA CRÈME DE CAJOU ET CAROTTE MARINÉE........49

20. HOT DOGS VÉGÉTALIEN..52

21. SANDWICH VEGAN MAYONNAISE AU THON.......................55

22. MAGE RUNNY ET SANDWICH AUX ÉPINARDS....................57

23. SANDWICH CLUB VÉGAN...59

24. CLUB SANDWICHS - UNE RECETTE SUPER GOURMANDE 100% LÉGUMES !..62

25. SANDWICH AU TOFU CLUB AU BACON ET PROMENADE PUTIGNANO..65

26. SANDWICH CLUB AU TOFU GRILLÉ.................................67

27. THON AUX POIS CHICHES - SANDWICH..........................69

28. SANDW ICHE VÉGÉTALIEN SAIN......................................71

29. CLUB SANDWICH COMME UNE MAYO AU THON ! [VÉGÉTARIEN]..74

30. GÂTEAU SANDWICH TOMATE ET CONCOMBRE AU BASILIC 76

31. SANDWICH POULET ET FRITES AVEC SAUCE MOUTARDE (VEGAN)..78

32. SANDWICH AUX DOIGTS DE POISSON PANÉS ET SAUCE TARTARE (VEGAN)...81

33. SANDWICH ULTRA RAPIDE ET SAIN................................83

34. SALADE DE HOUMMUS POUR SANDWICH D'HIVER [VEGAN] 85

35. SANDWICH AU CONCOMBRE POUR APÉRITIF..................88

36. SANDWICHS AU PAIN POLAIRE ET AU SAUMON AUX LÉGUMES..90

37. MINI BAGUETTES AUX GRAINES ET CÉRÉALES................92

38. PETIT SANDWICH ANGLAIS FIER DE SES ARIGINES SCANDINAVES..95

39. SPÉCIAL SANDWICH VÉGÉTARIEN..................................97

40. CRU, IG FAIBLE 100
41. SANDWICH VEGAN DOUBLE CHAMPIGNONS ET ÉPINARDS AVEC CRÈME ÉPICÉE 103
42. SANDWICH DE PÂTES AUX POIS CHICHES ET AVOCAT 108
43. SANDWICH AU HOUMMUS DE BETTERAVES 110
44. SANDWICH AU TOFU ET AU BACON 112
45. SANDWICH VEGAN AVEC AVOCAT, ROQUETTE, TOMATE ET MAYO FRAMBOISE 114
46. SANDWICH BLT 117
47. SANDWICHS PANÉS VÉGAN 119
48. SANDWICH PORTOBELLO AUX CHAMPIGNONS ET OIGNON CARAMÉLISÉ 121
49. SANDWICH AU PAIN DE MILLET 123
50. SANDWICH TOMATE BASILIC 125
51. SANDWICH AU NOPAL 127
52. SANDWICH CRU AVEC AVOCAT ALI-OLI 129
53. SANDWICH EXTRA 131
54. SANDWICH AU TOFU AVEC MAYONNAISE ET HERBES FRAÎCHES 133
55. SANDWICH VÉGÉTARIEN AVEC MAYONNAISE DE CITROUILLE 135
56. SANDWICH AU PATE D'AUBERGINE 137
57. SANDWICH AU TOFU 139
58. SANDWICH AU QUINOA ET CHAMPIGNONS 141
59. SANDWICH AU TOFU SAISI 143
60. SANDWICH AUX LÉGUMES 145
61. SANDWICH AU TOFU ET MISO 148

62. SANDWICH AUX ASPERGES SAUVAGES ET CHAMPIGNONS 150

63. SANDWICH AUX CONCOMBRES, CAROTTES ET ÉPINARDS. 153

64. SANDWICH AU TOFU VÉGÉTALIEN 155

65. SANDWICH VÉGAN À EMPORTER 157

66. SANDWICH DE PAIN PITA ET SANFAINA 159

67. AVOCAT SANDWICH 161

68. ZUCCHINI MUTABAL 163

69. SANDWICH VEGANAL AUX BOULES DE VIANDE 167

70. DÎNER FRUGAL AVEC SANDWICH MARINÉ VÉGAN 170

71. SANDWICHS DE MIGA "LEGER" 171

72. SANGUCHE VEGAN DE SEITAN 173

73. SANDWICH VÉGAN 176

74. PAIN DE SEIGLE TRÈS FACILE 177

75. PAIN A L'AIL 179

76. SANDWICH VÉGÉTAL 181

77. SANDWICH LÉGUMES LÉGERS 182

78. SAUCISSE TYPE SAUCISSE POUR SANDWICHS 183

79. SANDWICH AUX CHAMPIGNONS, ÉPINARDS ET TOMATES. 185

80. PÂTE D'AREPAS 187

81. SANDWICH ROULÉ 189

82. SANDWICH LÉGUMES ET CONCOMBRE 192

83. SANDWICH FALAFEL, PIQUILLO ET VEGAN 194

84. PAIN PIZZA AU BLÉ ENTIER RAPIDE 196

85. SANDWICH AU TOFU 198
86. PAIN VEGAN CRU AUX GRAINES DE LIN 199
87. PAIN DE TUYAU 201
88. PAIN AUX OLIVES 203
89. SANDWICH AUX POIS CHICHES, BLEUETS ET NOIX 206
90. PAIN AU ROMARIN ET LIN 208
91. SANDWICH AU CRESSON ET HOUMMUS 210
92. PAIN LOURD AUX RAISINS ET AUX NOIX 211
93. SANDWICH AUX GERMES DE LUZERNE 213
94. PAIN DE FIGUES 215
95. SANDWICH À LA SALADE DE POIS CHICHES 217
96. CONCASSEURS 219
97. BOULETTES D'AVOINE 221
98. SANDWICH AU PAIN DE SEIGLE AU TOFU VÉGÉTALIEN 223
99. BLÉ ENTIER SEIGLE ET PAIN D'ÉPEAUTRE 225
100. SANDWICH AU SEITAN, POIVRONS RTIS ET CHAMPIGNONS
.... 227

INTRODUCTION

Les sandwichs sont l'un des aliments les plus polyvalents préparés dans le monde. Ils consistent généralement en une ou deux tranches de pain avec une garniture de viande, de poulet, de poisson, de fromage, de légumes ou d'autres ingrédients. Le pain est disponible dans une variété de formes et de tailles et une variété presque illimitée de garnitures. En conséquence, les sandwichs sont servis de différentes manières en fonction de leur utilisation prévue.

Les sandwichs sont accompagnés de gaufrettes, de chiffonnade de laitue, de cresson, de juliennes de choux ou de carottes. Les sandwichs sont préparés avec du pain blanc, des pains bruns, du pain français, des petits pains ou des pains en forme de bateau.

Types de sandwichs

1. Sandwichs simples
2. Sandwich ouvert

Exemples de sandwichs :

- Sandwich Cake : – Ils ressemblent à des gâteaux glacés en couches, et ils sont faits de pains ronds. Le glaçage doux avec du beurre, du fromage et d'autres ingrédients est tranché en deux ou trois tranches rondes. Comme les gâteaux, il est coupé en quartiers.

- Pain : - Le pain de mie est tranché dans le sens de la longueur, puis fourré et glacé en couches pour former un sandwich au pain. Il est servi en le tranchant sur le pain.
- Moulinet : - Le pain est tranché dans le sens de la longueur pour faire un sandwich au moulinet. Du beurre et une garniture moelleuse de couleur contrastante sont répartis uniformément sur le pain.
- Ruban : Ils sont fabriqués avec deux pains de couleurs différentes. Deux tranches de pain brun et une tranche de pain blanc, ou l'inverse. Trois tranches de pain sont utilisées pour faire les sandwichs, avec deux garnitures de couleurs différentes. Ils sont servis coupés en fines lanières.
- Double Decker : Comme son nom l'indique, trois tranches sont utilisées, la première tranche contenant la garniture et la deuxième tranche contenant le beurre. La troisième tranche est garnie de laitue, de tomate et de concombre avant de servir.

- Bookmaker : Un steak grillé est pris en sandwich entre un petit pain beurré ou du pain français tartiné de moutarde française.
- Broadway : ce sandwich comprend deux couches de pain grillé, du saumon fumé, de la laitue râpée et des œufs durs tranchés. Il est accompagné de mayonnaise.
- Les sandwichs au thé sont faits de fines tranches de pain dont la croûte est enlevée et les garnitures coupées en triangles.
- Sandwich grillé : Pour faire ce sandwich, remplissez deux tranches de pain de garnitures, puis faites-les griller sur une salamandre ou un gril. Ils sont servis fumants.
- Les canapés sont de petites bouchées au goût savoureux. Ils peuvent être servis tièdes ou froids.
- Zakuski : Ce sont des canapés préparés avec des garnitures traditionnelles, comme du poisson fumé sur du pain grillé avec de la gelée d'aspic.

Parties de sandwich :

- BASE : Dans les sandwichs, la base comprend du pain, des miches et d'autres articles similaires.

- Les tartinades sont du beurre gras et aromatisé ou des agents émulsifiants comme la mayonnaise ou la sauce hollandaise utilisés pour lier les ingrédients ensemble.
- Garnitures : Pour donner aux sandwichs une saveur distincte, des garnitures telles que des légumes, des morceaux de viande ou des fruits peuvent être utilisées.
- Vinaigrettes : De nombreux types de vinaigrettes peuvent être utilisées pour faire des sandwichs, mais les plus courantes sont la mayonnaise, la sauce tomate, la sauce hollandaise et la vinaigrette. La vinaigrette est mélangée aux garnitures et peut également être servie avec les plats.

1. SANDWICH VÉGAN AU HOUMMUS

Ingrédients pour 1 Portions

- 2 tranches / n Pain (pain à grains entiers)
- 2 cuillères à soupe, bombées   Hoummous
- 3 tranche de concombre
- 2 tranches de tomates
- 2 tranche / Avocat(s)
- ¼ Taxes Germes de luzerne
- Taxes Carotte(s), râpée

Préparation

1. Faites griller le pain et étalez 1 cuillère à soupe de houmous sur chacun. Couvrir avec le reste des ingrédients et servir.

2. SANDWICH VÉGAN SUPER SAVOUREUX

Ingrédients pour 2 portions

- 2 tranches de pain de campagne
- 1 avocat(s)
- ½ dose de pois chiches
- ½ cuillère à café de cumin
- ½ cuillère à café de rasel hanout
- huile d'olive
- sel et poivre
- 1 poignée de pousses

Préparation

2. Tout d'abord, faites chauffer un peu d'huile d'olive dans une poêle pour ce sandwich végétalien ultime et faites saisir le pain des deux côtés. Après cela, il est sorti et les

épices sont versées jusqu'à ce qu'elles commencent à siffler et à sentir. Ensuite, les pois chiches sont ajoutés et rôtis pendant environ 5 minutes, puis bien salés et poivrés.
3. L'avocat est coupé en tranches et légèrement écrasé sur les tranches de pain. Ensuite, le sandwich est garni de choux et de pois chiches.

3. TOAST SANDWICH À L'ÉPEAUTRE

Ingrédients pour 1 Portions

- 600g de farine d'épeautre type 630
- 390 ml d'eau tiède
- 80g d'huile végétale, insipide
- 13g de sel
- 14g de sucre
- 18g de levure

Préparation

1. Dissoudre la levure dans l'eau. Mettre le reste des ingrédients dans un saladier, ajouter l'eau de levure puis pétrir au mixeur ou au robot culinaire (je laisse la pâte pétrir 5 bonnes minutes avec la machine). Laissez

ensuite la pâte lever dans le bol pendant au moins 30 minutes, mais mieux pendant 1 heure (il suffit parfois qu'elle aille un peu plus vite).

2. Sortez ensuite la pâte du bol et pétrissez bien à nouveau à la main. Divisez ensuite la pâte en 4 morceaux, pétrissez à nouveau brièvement les segments, formez une boule, et placez-les les uns à côté des autres dans un moule à pain (moule à pain de 30 cm) recouvert de papier sulfurisé ou graissé. Lâchez-vous encore. Idéalement jusqu'à ce que la pâte ait atteint le bord du moule (mais aussi ici au moins 30 minutes). Si le pain ne prend que peu de temps au repos, coupez-le au milieu pour qu'il ne se déchire pas sur les côtés ! Préchauffer le four à 210°C chaleur voûte / sole, puis ajouter le pain et cuire 10 à 15 minutes à 210°. Baissez-la ensuite à 180°C et terminez la cuisson en 30 minutes. Si vous n'êtes pas sûr que ce soit fait, frappez sur le côté. Si ça sonne creux, c'est fait. Démoulez aussitôt et laissez refroidir.

4. SANDWICH AU THON VÉGÉTALIEN

Ingrédients pour 2 portions

- 2 baguette(s), âmes ou similaires, vegan
- 1 dose de jacquier
- 100 g de pois chiches, cuits
- 4 g d'algues (algue nori)
- 1 échalote
- 1 concombre(s)
- 75 g de fromage blanc de soja (alternative au fromage blanc)
- 1 cuillère à café de moutarde
- 2 cc de sauce soja
- 2 LA mayonnaise, vegan
- 1 cuillère à café de sel
- ½ cuillère à café de poivre
- ½ cuillère à café d'aneth

- Laitue, tomate, concombre, oignon

Préparation

1. Coupez les âmes ou baguettes dans le sens de la longueur sur les côtés pour pouvoir les déplier mais pas les ouvrir complètement.
2. Égouttez le jacquier et placez-le dans un bol avec les pois chiches. Écrasez les deux avec un presse-purée. Si nécessaire, coupez les morceaux fermes du jacquier en petits morceaux avec un couteau.
3. Épluchez l'échalote et coupez-la en fins cubes comme les cornichons. Mettez les deux avec le reste des ingrédients dans le bol et mélangez bien.
4. Placez les âmes avec la laitue, la tomate, le concombre, les oignons, etc. au goût et versez le mélange "thon".

5. SANDWICH AU PASTRAMI VÉGÉTALIEN

Ingrédients pour 1 Portions

- 2 tranches / n pain
- 6 tranches / n pastrami, végétalien
- 1 cornichon)
- 1 feuille de laitue
- 1 mayonnaise, végétalienne
- 2 cuillères à café de moutarde
- 1 cuillère à café de sirop d'agave

Préparation

1. Couper le concombre dans le sens de la longueur en fines tranches. Faites griller les tranches de pain au grille-pain. Si le pastrami

est consommé tiède, faites-le chauffer au micro-ondes pendant environ 30 secondes avant de garnir le pain. Ensuite, il redevient un peu plus élastique et peut être mieux plié. Mélanger la moutarde et le sirop d'agave dans une vinaigrette.
2. Badigeonner la tranche de pain inférieure de mayonnaise et recouvrir l'une après l'autre de tranches de laitue, de pastrami et de concombre. Arrosez de vinaigrette à la moutarde et placez la tranche de pain supérieure par-dessus.

6. PLOWMAN'S VEGAN AVEC DES TRANCHES DE QUORN

INGRÉDIENTS

- 8 tranches de jambon fumé végétalien Quorn gratuit
- 100 g de Bloc Saveur Violife Epic Mature Cheddar coupé en 8 tranches.
- 4 tranches de pain de seigle ou de pain au levain
- 1 pomme
- 4 cuillères à soupe. à c. de relish ou de cornichon de Plowman
- 4 cuillères à soupe. à l'art. mayonnaise végétalienne
- Une poignée de pousses de cresson ou de pois pour la garniture

Pour les oignons marinés :

- 1 oignon rouge
- 1 C. à c. sel
- 100 ml de vinaigre de vin rouge

PRÉPARATION

1. Pour les oignons marinés, épluchez et coupez l'oignon rouge en rondelles puis mettez-le dans un grand bol.
2. Recouvrir les oignons d'eau fraîchement bouillie et laisser infuser 5 minutes.
3. Ensuite, égouttez les oignons, rincez-les à l'eau froide, ajoutez le sel et recouvrez-les de vinaigre de vin rouge. Laisser mariner 20 minutes.
4. Pour préparer les sandwichs ouverts, tartinez chaque tranche de pain de mayonnaise végétalienne et garnissez-les de deux tranches de Quorn Vegan Smoky Ham Free et de deux tranches de Violife Epic Mature Cheddar Flavour Block.
5. Couper la pomme en fines tranches. Ajoutez-les à chaque sandwich avec une cuillère à café de cornichon de Ploughman.
6. Égoutter les oignons marinés, les ajouter à chaque sandwich puis garnir de cresson.

7. ROULEAU DE QUORN AU JAMBON VÉGAN ET SUBSTITUT DE FROMAGE

Ingrédients

- 8 tranches de jambon fumé végétalien Quorn gratuit
- 4 tranches de Violife Smoky Cheddar Saveur
- 150 g de Violife Saveur Crémeuse Originale
- 2 tortillas
- Une poignée de ciboulette fraîche hachée
- 1 oignon de printemps, haché pour la garniture

Préparation

1. Placer le substitut de fromage crémeux à tartiner Violife dans un bol. Mélanger la ciboulette finement ciselée.
2. Répartir uniformément la crème à la ciboulette sur les tortillas.
3. Déposer une tranche de Quorn Smoky Ham Free sur le fromage à tartiner au milieu de la tortilla, puis ajouter une tranche de Violife Smoky Cheddar Flavour. Répétez l'opération sur le reste de la tortilla.
4. Roulez le tout bien serré pour former un wrap puis coupez-le en 3 morceaux.
5. Servir garni d'oignons de printemps finement hachés.

8. ROULEAU DE TORTILLA VEGAN NUGGET QUORN

Ingrédients

- 200 g de Nuggets Vegan Quorn
- 2 grandes tortillas entières
- 70 g de fromage végétalien frais
- ½ carotte râpée
- 45 g de maïs doux
- 1/3 de poivron rouge finement haché

Préparation

1. Faites cuire les nuggets végétaliens selon les instructions sur l'emballage.
2. Étaler uniformément la farine du repas entier avec du fromage à la crème. Répartir la carotte râpée, le maïs sucré et le poivron

rouge entre les tortillas, puis placer 5 pépites végétaliennes Quorn au centre.
3. Enveloppez bien les tortillas, coupez les extrémités, puis coupez chaque tortilla en 8 morceaux et servez.

9. ENVELOPPES DE SAUCISSE QUORN

Ingrédients

- 5 Chipolatas Végétariennes Quorn
- 2 cuillères à soupe. à l'art. Beurre
- ½ petit chou rouge, tranché finement
- 2 cuillères à soupe. à l'art. sucre de canne
- 1 pomme rouge, tranchée finement
- 3 cuillères à soupe. à l'art. vinaigre balsamique
- 1 C. à c. Noix de muscade
- 50 ml d'eau
- 5 tortillas roulées
- 5 ch. à l'art. de sauce aux canneberges
- 100 g de feuilles de roquette
- 160 g de brie tranché

PRÉPARATION

1. Préchauffer le four à 190°C / thermostat 5.
2. Dans une grande casserole, faire fondre le beurre à feu moyen. Ajouter le chou rouge en imbibant toutes les feuilles dans le beurre fondu. Faire revenir doucement pendant 5 minutes.
3. Ajouter le sucre, les tranches de pomme, le vinaigre et la muscade. Bien mélanger avant de couvrir et de laisser mijoter. Au bout de 15 minutes, ajouter l'eau et cuire à feu doux en remuant régulièrement pendant encore 15 minutes, jusqu'à ce que le chou soit tendre.
4. Pendant ce temps, faire dorer les saucisses végétariennes Quorn, en suivant les instructions sur l'emballage, jusqu'à ce qu'elles soient dorées. Laisser refroidir.
5. Étalez une cuillère à soupe de sauce aux canneberges sur chaque tortilla, puis ajoutez une cuillère à soupe de chou braisé. Parsemer de roquette et déposer un boudin entier, ainsi que les tranches de brie. Rouler la tortilla pour obtenir une pellicule serrée.
6. Couper chaque wrap en 4 morceaux et fixer avec des cure-dents ou couper en deux et servir sur une assiette avec de la roquette.

10. BOUCHÉES DE BÂTONNETS SANS POISSON QUORN

INGRÉDIENTS

- 1 paquet de bâtonnets sans poisson Quorn
- 3 cuillères à soupe. à l'art. mayonnaise végétalienne légère
- 3 cuillères à soupe. à l'art. ketchup
- 5 grosses tortillas complètes
- 2 grandes feuilles de salade iceberg, coupées en fines lanières

PRÉPARATION

1. Faites cuire les bâtonnets sans poisson Quorn Vegan selon les instructions sur l'emballage.
2. Mélanger la mayonnaise et le ketchup dans un bol. Répartir ce mélange sur les 5

tortillas, puis la laitue iceberg. Placez 2 bâtonnets Quorn Vegan sans poisson sur chaque wrap et roulez-les. Coupez les extrémités de chaque wrap, puis coupez-les en 3 parts égales.

11. BAGUETTE VEGAN QUORN AVEC SALADE DE POULET AU CURRY

INGRÉDIENTS

- 375 g de salade de poulet végétalienne façon curry quorn
- 2 baguettes
- 50 g de mesclun
- 16 tomates cocktail
- Basilique fraîche
- Poivre noir

PRÉPARATION

1. Couper les baguettes en deux, puis horizontalement pour déposer la garniture.

2. Remplissez-les de salade, de poulet au curry végétalien Quorn et de tomates cocktail coupées en deux.
3. Assaisonner de basilic frais et de poivre noir.

12. TACOS DE NUGGET VEGAN QUORN FRIT À L'AIR CHAUD ET CHIMICHURRI

INGRÉDIENTS

- 1 paquet de pépites végétaliennes Quorn
- 3/4 tasse de coriandre fraîche hachée finement
- 1/4 tasse d'huile d'olive
- 1 C. à c. le zeste de lime
- 1/4 tasse de jus de citron vert
- 1 piment jalapeño, pelé et coupé en petits dés
- 1 gousse d'ail, hachée
- 1/2 c. à c. origan séché
- 1/2 c. à c. sel

- 6 tortillas de maïs (15 cm), réchauffées
- 1 avocat, pelé, dénoyauté et coupé en dés
- 1/3 tasse d'oignon rouge haché

MÉTHODE

1. Réglez la friteuse à air chaud à 200 C selon la préparation du fabricant. Graisser généreusement le panier de la friteuse. En 2 lots, placez les pépites vegan Quorn dans le panier (sans trop le remplir). Faites-les frire, en les retournant après 5 minutes, pendant 10 à 12 minutes ou jusqu'à ce qu'elles soient dorées.
2. Pendant ce temps, préparez la sauce chimichurri en mélangeant la coriandre, l'huile d'olive, le zeste de citron vert, le jus de citron vert, le piment jalapeño, l'ail, l'origan et le sel.
3. Servir les nuggets dans les tortillas avec avocat, chimichurri et oignon rouge.

13. COLLATIONS APÉRITIVES VEGAN QUORN PÂTÉ

INGRÉDIENTS

- 250 g de pâté végétalien Quorn
- 120 g de crostinis
- 200g de baguette
- 200 g de pain de seigle
- Pousses de pois
- tomates cerises
- Herbes fraîches
- Poivre

PRÉPARATION

1. Couper la baguette en tranches et le pain de seigle en triangles.
2. Coupez les tomates cerises en deux.
3. Tartiner de pâté végétalien Quorn et garnir de pousses de pois, de tomates cerises, de piments et d'herbes fraîches.

14. ENVELOPPEMENTS DE BURGER VÉGÉTARIEN DE STYLE DU SUD QUORN

INGRÉDIENTS

- 1 paquet Burgers végétariens de style sud de Quorn
- 2 tortillas
- 1 poignée de laitue, coupée en lanières
- 2 tomates, coupées en dés
- Sauce crémeuse au poivre :
- 125 ml de mayonnaise, légère si disponible
- ½ c. à c. poivre noir
- 1 C. à c. jus de citron

PRÉPARATION

1. Cuire les hamburgers végétariens de style sud de Quorn selon les instructions sur l'emballage.
2. Mélanger la mayonnaise avec le poivre noir et le jus de citron.
3. Étaler 1 à 2 cuillères à soupe de sauce crémeuse au poivre sur une tortilla réchauffée.
4. Disposer les lanières de laitue et les tomates en dés au centre de la tortilla et garnir la salade de burgers du sud chauds de Quorn. Roulez et profitez-en!

15. BURRITO VÉGÉTARIEN DE QUORN, PATATE DOUCE, HARICOTS NOIRS ET PIMENT CHIPOTLE

INGRÉDIENTS

Pour la patate douce :

- 1 patate douce, pelée et coupée en cubes d'environ 2,5 cm
- 1 C. à s. huile d'olive
- 1 C. à c. flocons de piment chipotle
- 1 C. à c. paprika fumé

Pour le piment :

- 2 sachets de Hachis Végétarien Quorn
- 1 C. à s. huile d'olive

- 1 oignon blanc, haché finement
- 4 gousses d'ail, écrasées
- 1 C. à c. cumin en poudre
- 1 C. à c. coriandre moulue
- 1 C. à c. paprika fumé
- 2 cuillères à soupe. à c. pâte de piment chipotle
- 400 g de tomates en dés
- 1 C. à s. purée de tomates
- 400 g de haricots noirs en conserve, égouttés
- Sel et poivre au goût)

Pour la sauce salsa :

- 200g de tomates cerises
- ¼ d'oignon, haché finement
- ½ gros poivron rouge, épépiné et haché finement
- 1 C. à c. Huile d'olive vierge extra
- Sel et poivre au goût)

Servir :

- 4 grosses tortillas à la farine complète
- 200 g de riz long grain cuit
- Coriandre fraîche, hachée
- Laitue iceberg
- Avocat coupé en tranches
- Fromage râpé

- Crème sure ou crème fraîche

PRÉPARATION

1. Préchauffez votre four à 180°C / thermostat 4. Disposez les dés de patates douces sur une plaque allant au four puis ajoutez l'huile d'olive, le paprika fumé et les flocons de piment. Cuire à mi-hauteur pendant 20 minutes. Pendant ce temps, préparez le piment.
2. Versez l'huile dans une sauteuse et faites-la chauffer sur une assiette à feu moyen. Ajouter les oignons et faire revenir 2-3 minutes. Ajouter l'ail et le cumin, la coriandre, le paprika fumé et le piment, puis cuire encore 2 minutes. Enfin, ajoutez les tomates en dés, la purée de tomates et le hachis Quorn. Cuire 10 minutes.
3. Pendant ce temps, sortez la patate douce du four. Ajouter les haricots noirs et la patate douce rôtie au chili, puis cuire 5 minutes supplémentaires. Retirer du feu.
4. Pour préparer la sauce salsa, mélanger tous les ingrédients dans un bol, puis réserver.
5. Faire chauffer quatre grosses tortillas complètes sous le grill ou dans une sauteuse à feu doux pour préparer les burritos. Ensuite, étalez-les à plat et répartissez

uniformément le riz, la coriandre, le chili, la sauce salsa, la laitue, l'avocat, le fromage râpé et la crème. Pour plier le burrito, repliez un côté sur le centre du burrito, en pliant fermement avec vos doigts pour former un rouleau autour de la garniture. Pliez chaque côté vers le centre du burrito puis enroulez-le sur lui-même jusqu'à ce qu'il soit bien serré. Placer le joint des deux bords face à la plaque. Couper le burrito en deux avant de servir.

16. BURRITOS VÉGÉTARIENS

INGRÉDIENTS

- 6 Chipolatas Végétariennes Quorn
- ½ c. à l'art. de la margarine legère
- 8 œufs fermiers moyens, battus
- c. à c. sel
- c. à c. poivre noir
- 4 wraps au blé entier
- 40 g de pousses d'épinards lavées
- 2 avocats, pelés, dénoyautés et tranchés
- 100 g de tomates cerises coupées en deux

PRÉPARATION

1. Faites cuire les chipolatas Quorn selon les instructions sur l'emballage. Couper chaque saucisse en 4 et réserver.
2. Chauffer une poêle à feu moyen. Ajouter la margarine. Une fois fondu, versez les œufs battus, salez et poivrez. Cuire les œufs en remuant constamment jusqu'à ce que le mélange épaississe et brouille. Retirer du feu et réserver.
3. Faites chauffer les wraps dans une poêle, puis transférez-les sur une planche à découper ou un plan de travail propre. Garnir chaque wrap d'épinards, d'avocat, de tomates cerises, d'œufs brouillés et de tranches de chipolata Quorn. Rouler et plier pour fermer.

17. FAJITAS QUORN EN DÉS AVEC SAUCE À LA MANGUE

INGRÉDIENTS

- 175 g de Quorn végétarien
- 1 C. à s. huile végétale
- ½ oignon haché
- ½ poivron rouge, haché finement
- 1 gousse d'ail, écrasée
- ½ c. à c. paprika
- ½ c. à c. flocons de piment
- ½ c. à c. poudre de piment
- ½ c. à c. cumin en poudre
- ½ c. à c. coriandre moulue
- Un demi citron vert, zeste et jus
- sauce
- ½ mangue, coupée en petits dés

- ½ oignon rouge, haché
- ¼ de c. à c. jus de citron
- 2 cuillères à soupe. à c. chutney de mangue
- ½ avocat mûr, pelé, dénoyauté et tranché
- 2 tortillas chauffées
- Coriandre fraîche, hachée

PRÉPARATION

1. Chauffer l'huile végétale dans une grande poêle antiadhésive. Faire revenir les cubes Quorn pendant 5 minutes ou jusqu'à ce qu'ils commencent à dorer. Ajouter les oignons et les poivrons et cuire 5 minutes ou jusqu'à ce qu'ils soient tendres. Ajouter l'ail,
2. épices séchées et citron vert. Mélanger encore 5 minutes pour que les oignons soient tendres.
3. Mélanger la mangue, l'oignon rouge et le chutney de mangue dans un saladier. Couvrir et placer au réfrigérateur.
4. Mettez environ 5 tranches d'avocat dans chaque wrap avec une cuillerée du mélange fajita. Garnir de sauce à la mangue et saupoudrer de coriandre fraîche.
5. Pliez fermement la tortilla et enveloppez-la dans une pellicule plastique pour une collation ou servez-la avec une salade et des quartiers de pommes de terre croustillants.

18. BAGUETTE QUORN TRANCHES SANS JAMBON FUMÉ VEGAN

INGRÉDIENTS

- 3 tranches de Quorn Vegan Smoky Jam Free Slices
- baguette de 15 cm
- 3 tranches de fromage
- 1 tomate
- Feuilles de salade

PRÉPARATION

1. Couper la baguette en deux et étaler la margarine.
2. Couper la tomate en tranches et rincer la salade.

3. Garnir la baguette de fromage, de tranches de jambon fumé végétalien Quorn, de tomates et de salade.

19. BAGEL À LA CRÈME DE CAJOU ET CAROTTE MARINÉE

Ingrédients

- petits pains bagels - 4
- carottes - 3
- oignon rouge - 1
- noix de cajou - 200 (g)
- yaourt de soja - 1
- roquette - 1 (poignée)
- tomates - 1
- concombre - 0,25
- citron - 1
- ciboulette
- sauce soja - 5 (cL)

- huile neutre - 5 (cL)
- sel
- poivre

Préparation

1. Préparez les carottes : Epluchez-les et faites-les cuire au four, entières sur une plaque allant au four avec du papier sulfurisé, pendant 30 minutes à 160°C. Elles doivent être bien fondantes. Une fois cuits et refroidis, coupez-les en fines lamelles dans le sens de la longueur. Les mettre à mariner dans l'huile, la sauce soja et le jus de citron, toute une nuit (ou 3-4 heures minimum).

2. Préparez la crème de cajou : Faites tremper vos noix de cajou une nuit dans l'eau, ou faites-les cuire 15 minutes dans de l'eau bouillante dans une casserole. Égoutter et mélanger avec le yaourt de soja. Assaisonner avec du sel et du poivre (et du jus de citron au goût).

3. Épluchez l'oignon rouge, coupez-le en fines rondelles et séparez les rondelles. Hachez la ciboulette. Trancher la tomate ou le concombre si vous en avez.

4. Faites griller vos pains à bagel. Tartinez les deux faces de crème de cajou, ajoutez de la

roquette, des carottes marinées, des crudités si vous le souhaitez, et un peu de ciboulette. C'est prêt!

20. HOT DOGS VÉGÉTALIEN

Ingrédients

- pains à hot-dog - 4
- haricots rouges cuits - 200 (g)
- chapelure - 80 (g)
- tomates - 1
- tomates anciennes - 3
- oignon rouge
- ketchup
- mayonnaise végétalienne
- huile d'olive
- paprika
- poivre de Cayenne
- sel
- poivre

Préparation

1. Mélanger les haricots rouges avec du sel et des épices. Réserver dans un cul-de-poule.
2. Épluchez l'oignon rouge et coupez-en la moitié en petits cubes. Coupez également finement votre tomate normale et ajoutez le tout à votre mélange de haricots rouges.
3. Finir par la chapelure pour donner de la consistance et former 4 saucisses.
4. Préparez des crudités : coupez vos tomates anciennes en dés et mélangez-les avec une pincée de sel. Couper l'autre moitié de l'oignon en fines lamelles.
5. Faites cuire vos saucisses de haricots rouges dans une poêle chaude avec un peu d'huile pour qu'elles soient bien dorées.
6. Faites griller vos pains à hot dog et garnissez-les de ketchup et/ou mayo, saucisse de haricots rouges et crudités.

21. SANDWICH VEGAN MAYONNAISE AU THON

Ingrédients

- laitue - 4 (feuilles)
- pain de mie - 8 (tranches)
- poivre
- sel
- ciboulette fraîche - 0,25 (bouquet)
- vinaigre balsamique - 1 (c. à soupe)
- mayonnaise végétalienne - 125 (mL)
- maïs cuit - 130 (g)
- pois chiches cuits - 260 (g)

Préparation

1. Dans un saladier : écrasez les pois chiches au presse purée. Il n'a pas besoin d'être parfaitement écrasé, c'est à vous de décider !
2. Ajouter la mayonnaise et le maïs. Ajoutez ensuite le vinaigre et la ciboulette ciselée. Assaisonnez avec du sel et du poivre.
3. Dans vos tranches de pain, placez la garniture et la laitue. Fermez vos sandwichs et coupez-les en 4 ! C'est prêt!

22. MAGE RUNNY ET SANDWICH AUX ÉPINARDS

Ingrédients pour 4 sandwichs :

- 8 tranches de pain
- 1 tasse de bébés épinards
- Oignons caramélisés au thym
- 100 g de noix de cajou non salées et non grillées
- 25 g de fécule de tapioca (trouvée dans les magasins bio)
- jus d'1/2 citron
- 2 cuillères à soupe. à l'art. levure maltée
- 1/2 c. à c. poudre d'ail
- 1/2 c. à c. sel
- 1/2 c. à c. poivre blanc
- 180 ml d'eau

Préparation:

1. La veille, faire tremper les noix de cajou.
2. Égoutter les noix de cajou et les verser dans le mixeur et le reste des ingrédients. Mélanger jusqu'à l'obtention d'une préparation homogène et lisse.
3. Transférer le mélange obtenu dans une petite casserole et cuire 2-3 minutes à feu moyen jusqu'à ce que le mage épaississe. Remuez constamment avec un fouet pendant la cuisson pour qu'il ne colle pas. La préparation doit paraître un peu collante.
4. Faites griller des tranches de pain, recouvrez d'une belle couche de fromage, d'oignons caramélisés et de pousses d'épinards, ou de vos ingrédients préférés. Profiter de votre déjeuner

23. SANDWICH CLUB VÉGAN

Ingrédients pour 4 sandwichs :

- 12 tranches de chapelure de grains entiers
- mayonnaise végétale
- 2-3 tomates
- 1 concombre
- émincé salade mixte ou feuilles de laitue iceberg
- 150 gr de tofu
- Pour la mayonnaise végétale :
- 100 ml de lait de soja
- huile de tournesol
- 1 cuillère à soupe de moutarde
- 1/2 cédrat
- 1 pincée de sel

- facultatif : 1 pincée de curcuma

Préparation de la mayonnaise végétale

1. Battre le lait de soja au fouet électrique en incorporant délicatement l'huile jusqu'à ce que le mélange épaississe. Ajouter la moutarde, le citron et le curcuma. Le sel.

Préparation des sandwichs

2. Dans une poêle, faire chauffer un peu d'huile d'olive. Couper le tofu en tranches et faire revenir à la poêle avec un peu de sauce soja. Épluchez le concombre, salez-le et laissez-le égoutter dans une passoire pendant 20-30 minutes. Rincez abondamment.
3. Lavez les tomates et coupez-les en tranches.
4. Dans une assiette creuse, mélanger les feuilles de salade avec un peu de mayonnaise.
5. Faites griller les tranches de pain de mie.

Pour composer le sandwich :

1. Placer la mayonnaise, le tofu poêlé, les tranches de tomate et de concombre sur deux tranches de pain. Placer les tranches les unes sur les autres et fermer le sandwich avec une troisième tranche de chapelure. Couper le sandwich en diagonale pour obtenir 2 triangles et faire de même pour composer

les autres sandwichs. J'ai accompagné les petits sandwichs aux pommes de terre au romarin avec les tranches de tomates et de concombre qu'il me restait. Même les enfants ont mangé la salade, ça veut tout dire !

24. CLUB SANDWICHS - UNE RECETTE SUPER GOURMANDE 100% LÉGUMES !

Ingrédients pour 3 club sandwichs :

- 9 tranches de pain de mie entier ou pain au choix
- 15 tranches de bacon végétalien
- 300g de tofu blanc ferme
- 2 cuillères à soupe. à l'art. sauce soja
- 1 C. à c. Safran des Indes
- 1 C. à c. sel noir de l'Himalaya Kala Namak
- Poivre
- 2 cuillères à soupe. à l'art. huile d'olive
- Feuilles de salade verte au choix (préférez les feuilles très vertes)
- 1 carotte râpée

- 3 tomates
- mayonnaise végétalienne
- Moutarde

Préparation:
1. Oeufs brouillés : émiettez le tofu à la fourchette.
2. Faites chauffer l'huile d'olive dans une poêle et versez le tofu émietté avec la sauce soja, le curcuma, le sel noir et un peu de poivre. Mélanger et laisser reposer deux minutes à feu doux.
3. Lavez les feuilles de salade, lavez et coupez les tomates en rondelles, épluchez et râpez la carotte.
4. Chauffer les tranches de pain.
5. Ajouter 1 c. à c. de moutarde en mayonnaise, bien mélanger. Répartir la mayonnaise à la moutarde sur 6 tranches de pain.
6. Disposer la salade et un peu de carotte sur chaque tranche.
7. Couvrir d'œufs brouillés.
8. Disposer 2 tranches de bacon de légumes sur les œufs.
9. Ajouter quelques tranches de tomate et une belle noisette de mayonnaise.
10. Superposer deux tranches garnies l'une sur l'autre et fermer avec une troisième

tranche. Couper les sandwichs en diagonale avec un bon couteau et servir.
Très bon appétit !

25. SANDWICH AU TOFU CLUB AU BACON ET PROMENADE PUTIGNANO

Ingrédients

- 200 g de tofu ferme nature
- 3 cuillères à soupe. à l'art. huile d'olive
- 2 cuillères à soupe. à l'art. sauce soja ou tamari (sans gluten)
- 2 cuillères à soupe. à l'art. sirop d'agave
- 1 C. à c. paprika fumé
- 1/2 c. à c. poudre d'ail

Pour 2 personnes :

- 4 tranches de pain complet
- 2 cuillères à soupe. à l'art. Pesto au basilic
- 2 poignées de feuilles de salade verte
- 1/2 concombre

- 1 C. à c. graines de sésame
- Poivre

Préparation:

1. Pressez fortement le tofu pour libérer toute son eau. Laisser sous un poids pendant environ 20 minutes. Le tofu prendra alors mieux les saveurs de la marinade. Couper le tofu en bloc de tofu en 4 tranches.
2. Préparez la marinade en mélangeant l'huile d'olive, la sauce soja, le sirop, le paprika et l'ail.
3. Disposer les tranches de tofu dans un plat et arroser généreusement de marinade. Réserver un peu de marinade dans le bol. Laisser reposer 30 minutes d'un côté, retourner et laisser reposer encore 30 minutes.
4. Cuire les tranches de tofu à 210°C pendant 20 minutes. Retourner à mi-cuisson.
5. Montage des sandwichs : étaler le pesto sur deux tranches de pain grillé et recouvrir de feuilles de salade… .. déposer dessus deux tranches de tofu. Couvrir de tranches de concombre et parsemer de graines de sésame. Poivrer et fermer les sandwichs.
6. Coupez chaque sandwich en diagonale et dégustez !!

26. SANDWICH CLUB AU TOFU GRILLÉ

Ingrédients

pour le tofu

- sirop d'érable - 1 (c. à soupe)
- huile - 2 (cuillère à soupe)
- sauce soja - 3 (c. à soupe)
- tofu ferme - 150 (g)
- pain de mie - 6 (tranches)
- moutarde - 1 (c. à soupe)
- mayonnaise végétalienne - 2 (c. à soupe)
- fromage végétalien - 2 (tranches)
- tomates - 2
- laitue - 4 (feuilles)

Préparation

1. Préparez le tofu : coupez-le en fines tranches. Dans une poêle, mélanger la sauce

soya, l'huile et le sirop d'érable. Chauffer à feu vif. Lorsque le mélange bout, ajoutez les tranches de tofu. Faites-les cuire environ 4 minutes de chaque côté pour qu'elles soient dorées et que le liquide se soit évaporé.
2. Faites griller vos tranches de pain.
3. Couper les tomates en tranches et hacher un peu la laitue.
4. Pour assembler vos clubs sandwichs : alternez les tranches de pain de mie tartinées de moutarde et mayo vegan, tomates, laitue, tranchées fromage végétalien et tranches de tofu grillé. Couper les sandwichs en quartiers.

27. THON AUX POIS CHICHES - SANDWICH

Ingrédients

- 1 boîte de pois chiches moyens
- 4 cuillères à soupe. à soupe de mayonnaise végétalienne achetée ou maison
- 1/2 échalote ou échalote
- 1 tranche de céleri
- 1 poignée de ciboulette fraîche
- 1 cuillère à soupe. 1/2 cuillère à café d'algues du pêcheur
- sel, poivre, muscade
- légumes de saison
- 1/2 baguette

Préparation

1. Écrasez grossièrement vos pois chiches à la fourchette : le but n'est pas d'avoir de la purée.
2. Tranchez finement le céleri et vos légumes : ils apporteront de la fraîcheur au sandwich. Selon la saison, des tomates ou un petit chou rouge !
3. Mélanger les pois chiches avec la mayonnaise, les algues, le sel, le poivre et la muscade, et la salade du pêcheur (c'est facultatif mais apporte une saveur marine au mélange). Mettre au réfrigérateur pendant au moins une demi-heure pour que le mélange soit bien frais.
4. Coupez une belle tradition en deux, tartinez de mayonnaise et décorez !

28. SANDWICHE VÉGÉTALIEN SAIN

Ingrédient

- 300g de jeunes jacquiers nature ou en saumure
- 1 oignon
- 1-2 gousse(s) d'ail
- 1/2 cube de bouillon de légumes
- 1/2 cuillère à café de cumin moulu
- 1/2 cuillère à café de poudre de paprika fumé
- Sauce barbecue (environ 80-100mL)
- 1 cuillère à soupe de sucre de canne non raffiné
- Huile d'olive
- Sel poivre

- 2 rouleaux
- Roquette ou feuilles de salade
- Sauce yaourt maison (yaourt végétal + moutarde + herbes)
- ou mayonnaise végétalienne

Préparation

1. Rincez soigneusement vos morceaux de jacquier (surtout dans le cas d'une conserve en saumure) et égouttez-les bien. Vous pouvez commencer à les écraser avec une fourchette pour séparer les fibres les plus douces.
2. Faites chauffer un peu d'huile d'olive dans une poêle, puis faites revenir l'oignon et l'ail émincés quelques instants.
3. Versez les morceaux de jacquier, saupoudrez de paprika et de cumin, et faites revenir quelques minutes pour bien enrober les morceaux et commencez à les dorer légèrement.
4. Ajouter le 1/2 cube de bouillon et un tout petit peu d'eau, bien mélanger. Porter à ébullition puis laisser mijoter quelques minutes en remuant de temps en temps pour que le liquide réduise. Maintenant que les morceaux sont plus mous, vous pouvez à

nouveau écraser le tout avec une fourchette pour un effet plus effiloché.
5. Ajouter enfin le sucre et la sauce barbecue : bien mélanger pour bien enrober le tout et laisser mijoter à nouveau environ 15 minutes en remuant régulièrement pour confiner l'ensemble de la préparation.
6. Une fois la cuisson terminée, servez votre jacquier effiloché en rouleaux garni de roquette avec un peu de sauce au yaourt ou de mayonnaise, et éventuellement accompagné de pommes de terre sautées. C'est prêt !

29. CLUB SANDWICH COMME UNE MAYO AU THON ! [VÉGÉTARIEN]

Ingrédients:

- 1 petite boîte de haricots blancs ou pois chiches (250g égouttés)
- 2 cuillères à soupe de mayonnaise
- 1 cuillère à café de moutarde
- 1 échalote hachée
- 1 cuillère à soupe de jus de citron
- 1 cuillère à café de câpres hachées (facultatif)
- 1 cuillère à café d'aneth haché (facultatif)

- 1 cuillère à café de cornichons à l'américaine, coupés en petits morceaux (facultatif)
- Sel, poivre, piment
- Légumes crus (salade, tomate, graines germées, carottes râpées, concombre...)
- 4 tranches de pain complet

Préparation

1. Rincer et égoutter les haricots blancs/pois chiches.
2. Écrasez-les avec une fourchette ou un presse purée, en laissant des morceaux.
3. Mélanger tous les ingrédients : mayonnaise, moutarde, échalote, jus de citron, câpres, aneth, cornichons...
4. Goûtez et rectifiez l'assaisonnement, si nécessaire, avec du sel, du poivre et du piment.
5. Griller les tranches de pain.
6. Assemblez les sandwichs avec les crudités !
7. Vous pouvez préparer le mélange à l'avance, ce n'en sera que meilleur, vous n'aurez qu'à assembler le sandwich au dernier moment.

30. GÂTEAU SANDWICH TOMATE ET CONCOMBRE AU BASILIC

Ingrédients (pour environ 6 personnes)

- 5 pains suédois
- 300 g de fromage frais de type Philadelphia
- 300 g de fromage blanc
- ½ concombre
- 1 tomate ronde
- Tomates cerises (de différentes couleurs) et radis pour décorer
- Un petit bouquet de ciboulette et basilic
- Moulin à sel et à poivre

Préparation:

1. Mélanger les fromages dans un saladier, saler et poivrer.
2. Mettre la moitié de la préparation dans un autre bol pour hacher le basilic.
3. Coupez la tomate ronde en petits cubes et le concombre épluché en fines lamelles (avec une mandoline c'est rapide et pratique).
4. Mettez un pain suédois sur votre assiette de service, tartinez de fromage et de basilic, disposez la moitié des dés de tomates.
5. Répétez la superposition de pain, de fromage, de tranches de concombre, etc. sauf pour la dernière miche.
6. Une fois les différentes couches formées, recouvrez entièrement le sandwich avec l'autre saladier de fromage (sans le basilic).
7. Décorez le dessus de tomates cerises, de rondelles de radis et de petites feuilles de basilic et couvrez le bord de ciboulette (c'est la plus longue).
8. Réservez au réfrigérateur.
9. Il vaut mieux ne pas le préparer la veille pour faire tremper les pains.

31. SANDWICH POULET ET FRITES AVEC SAUCE MOUTARDE (VEGAN)

Ingrédient

- 1 petit pain aux noix
- 2 feuilles de salade (laitue)
- Sauce moutarde
- 1 filet de poulet pané aux légumes - 100 gr (Viana)
- 2 tranches de fromage végétal (Cheddar - Tofutti)
- allumettes frites
- Sel, poivre (au goût)

Pour la sauce moutarde (environ 25 cl) :

- 20 cl de crème végétale végétale (avoine, soja, riz)
- 1 cuillère à soupe de fécule de pomme de terre
- 2 cuillères à soupe de moutarde
- Sel, poivre (au goût)
- 1/2 cuillère à café de curry en poudre
- 1 cc de vin blanc

Préparation

1. Mélanger la crème végétale avec la fécule de pomme de terre, la moutarde, le sel, le poivre, le curry et le vin blanc dans une casserole.
2. Placer la casserole sur feu doux et mélanger avec un fouet à main jusqu'à épaississement. Retirer du feu et laisser refroidir complètement la sauce pour garnir une poche à douille.

Pour le sandwich :

1. Passer le filet de poulet pané dans une poêle avec un peu d'huile d'olive pour qu'il soit bien doré.
2. Coupez le pain en deux.
3. Placer les 2 feuilles de salade sur la partie inférieure du pain.

4. Nappez la salade de sauce moutarde à l'aide de la poche à douille.
5. Placer ensuite le filet de poulet pané bien doré, coupé en deux (en travers).
6. Placer 2 tranches de cheddar sur le poulet.
7. Terminez par des frites allumettes bien chaudes, salez et poivrez (au goût), encore une sauce moutarde et refermez le sandwich avec l'autre partie du pain.

32. SANDWICH AUX DOIGTS DE POISSON PANÉS ET SAUCE TARTARE (VEGAN)

Ingrédient

- 1 pain aux céréales
- 2 cuillères à soupe de sauce tartare
- 3 bâtonnets de poisson panés aux légumes
- 1 tranche de fromage végétal
- 2-3 feuilles de salade (Chêne blond)

Pour la sauce tartare (pour 190 gr) :

- 1 pot de mayonnaise végétale
- 1 cc de jus de citron
- 1 cuillère à soupe de moutarde
- 2 cuillères à soupe de cornichons finement hachés
- 1 cuillère à soupe de câpres hachées

- 1 cuillère à soupe de ciboulette fraîche hachée
- Sel, poivre (au goût)

Préparation

1. Mélanger vigoureusement tous les ingrédients ensemble à l'aide d'un fouet à main.

Pour le sandwich :

2. Passer les bâtonnets de poisson panés dans une poêle avec un peu d'huile d'olive pour qu'ils soient bien dorés.
3. Coupez le pain en deux.
4. Nappez le fond du pain d'une couche de sauce tartare.
5. Poser dessus les 3 bâtonnets de poisson panés.
6. Recouvrir le poisson d'une tranche de fromage, d'une seconde couche de sauce tartare.
7. Terminez par quelques feuilles de chêne et refermez le sandwich avec l'autre partie du pain.

33. SANDWICH ULTRA RAPIDE ET SAIN

Ingrédient

- 1 petit gluten
- baguette sésame-pavot offerte - 2 petits champignons de Paris frais
- 1 poignée de jeunes pousses
- 3 ou 4 tomates confites
- 1 poignée de pignons de pin
- Tartimi à l'ail et aux fines herbes
- 1 trait de lait végétal

Préparation

1. Coupez le pain dans le sens de la longueur et mettez-le dans un grille-pain puis laissez refroidir.
2. Pendant ce temps, mélangez 1 cuillère à soupe bombée de tartimi avec un filet de lait

végétal et fouettez vigoureusement pour faire une sauce, ni trop liquide ni trop épaisse, réservez.
3. Tartiner le pain de Tartimi, ajouter les jeunes pousses sur la moitié du pain et ajouter un peu de sauce.
4. Badigeonner les champignons, retirer les tiges puis couper les champignons en fines tranches et les disposer sur la salade.
5. Ajouter la sauce sur les champignons.
6. Hacher les tomates confites, ajouter les pignons de pin, ajouter le reste de la sauce.
7. Fermez le sandwich et dégustez !

34. SALADE DE HOUMMUS POUR SANDWICH D'HIVER [VEGAN]

Ingrédient

Pour la salade de houmous

- 35g de pois chiches cuits
- 4 cuillères à soupe de houmous
- 2-3 cuillères à soupe de jus de citron fraîchement pressé (selon votre goût/texture désirée)
- 2 petites échalotes (oignon frais)
- 1 petite carotte (ou ½ grosse)
- 1 cuillère à café de moutarde
- Depuis Espelette
- Une pincée de sel fin

Pour le sandwich

- 2 tranches de pain de mie (aux céréales)

- ½ petite betterave crue
- de cornichons
- De gomasio (facultatif)
- Tomate cerise (pas de saison mais je peux difficilement m'en passer ! ;)

Préparation de la salade

1. Nettoyez la carotte (épluchez-la si elle n'est pas bio) et râpez-la. Nettoyez les échalotes et émincez-les.
2. Dans un bol, mélanger tous les ingrédients de la salade de houmous. Dosez le jus de citron selon vos goûts et la texture souhaitée. Vous pouvez éventuellement allonger avec un peu d'eau ; alors attention à ne pas perdre de saveur et de goût pour ré-assaisonner si nécessaire

Assemblage de sandwichs

1. Grillez éventuellement le pain de mie au grille-pain. Nettoyez, épluchez et râpez la betterave (même bio, je trouve ce légume tellement difficile à bien nettoyer que je préfère l'éplucher).
2. Placer la moitié de la salade de houmous sur une tranche de pain de mie. Ajouter la betterave crue râpée, les cornichons.

Saupoudrer de gomasio. Ajouter l'autre moitié de la salade de houmous.
3. Fermez le sandwich avec la deuxième tranche de pain de mie. Piquez 2 cure-dents aux deux extrémités du sandwich, coupez en diagonale aux deux autres extrémités et plantez la ou les tomates cerises sur le ou les cure-dents.

35. SANDWICH AU CONCOMBRE POUR APÉRITIF

Ingrédients (pour une quinzaine de sandwichs)

- 15 tranches de pain blanc
- 1 concombre
- 150 g de fouetté
- fromage à la crème aneth
- Sel poivre

Préparation:

1. Placer le fromage fouetté dans un bol avec l'aneth haché.
2. Salez, poivrez et mélangez bien.
3. Épluchez le concombre et coupez-le en tronçons de la hauteur de l'emporte-pièce.

4. Couper les tronçons dans le sens de la longueur en tranches.
5. Réalisez les formes souhaitées à l'aide d'un emporte-pièce dans les tranches de concombre et les tranches de pain de mie (2 formes par tranche).
6. Étalez le pain et placez le concombre au milieu.
7. Disposez vos sandwichs sur votre assiette de présentation et réservez au réfrigérateur.
8. Sandwich au concombre pour l'apéritif
9. Conservez la chapelure pour faire de la chapelure et les bords des tranches pour faire des croûtons.

36. SANDWICHS AU PAIN POLAIRE ET AU SAUMON AUX LÉGUMES

Ingrédient

- 1 paquet de pain polaire
- 1 pot de crème fraîche Sour Supreme Tofutti
- 1 paquet de saumon aux légumes
- oignons de printemps (frais du jardin)
- 1 mini concombre (qui était tombé de son pied)
- sel poivre

préparation

1. Étalez de la crème fraîche de tofutti sur vos tranches de pain polaire, elle a la

particularité d'être très épaisse, sinon prenez les nouveaux produits que l'on trouve sur le marché avec des herbes et du soja.
2. Puis coupez votre concombre et vos oignons, et étalez sur vos pâtes à tartiner, salez et poivrez
3. posez vos tranches de saumon végé sur le pain, coupez en diagonale, et dégustez devant votre ordinateur (ou votre télé).
4. Bon appétit.

37. MINI BAGUETTES AUX GRAINES ET CÉRÉALES

Ingrédients pour 8 mini baguettes :

- 1 kg de farine BIO aux Graines et Céréales
- (farine de blé, farine de seigle, farine d'épeautre, farine de sarrasin, graines de sésame, graines de millet, graines de lin brun, graines de tournesol)
- 4 sachets de levure boulangère sèche de 5 gr chacun
- 3 cuillères à café de sel
- 500 ml d'eau tiède

Préparation

1. Dans un bol, mettre la farine de Graines et Céréales Bio et le sel puis mélanger.
2. Faire un puits et y mettre la levure au centre.
3. Verser l'eau tiède dessus et mélanger avec une cuillère en bois pendant 3 à 4 minutes, jusqu'à ce que la pâte forme une boule homogène.
4. puis pétrir un peu la pâte à la main (c'est la partie que j'adore !!!)
5. mettre un torchon propre au fond du bol à poule et laisser reposer la pâte 30 minutes dans un endroit chaud. (J'ai mis mon four à chauffer pour maintenir au chaud fonction à 50°C puis j'étais dedans au bout de 5 minutes. Ensuite j'ai mis ma pâte à reposer dans mon four fermé)
6. repliez les 4 "coins" de votre pâte et répétez l'opération après avoir fait 1/4 de tour.
7. retourner la boule de pâte et laisser lever à nouveau dans un endroit tiède pendant 45 minutes.
8. préchauffer le four à 210°C avec un bol d'eau dedans.

9. pendant ce temps, séparez votre pâte en 8 pâtons égaux.
10. prendre une pâte, la fariner légèrement si besoin, et la façonner en forme de mini baguette.
11. répéter l'opération pour chaque pâton.
12. déposer 4 Mini Baguettes aux Graines et Céréales sur une plaque antiadhésive et les 4 autres sur une 2ème plaque.
13. avec la pointe d'un couteau en céramique, faites de légères entailles en forme d'accolades sur chaque mini baguette.
14. À l'aide d'un pinceau en silicone, mouiller légèrement chaque mini baguette.
15. enfourner la 1ère plaque à 210°C pendant 30 minutes.
16. sortir dès qu'il est cuit. Mettre ensuite la 2ème plaque au four également pendant 30 minutes à 210°C.

38. PETIT SANDWICH ANGLAIS FIER DE SES ARIGINES SCANDINAVES

Ingrédients

- pain de mie anglais
- concombre
- aneth
- caviar végétarien (chez ikea)
- St Hubert demi sel, ou doux + 1 pincée de sel

Préparation

1. enlevez la croûte du pain, vous n'en ferez rien (vos chats devraient adorer, non ? le mien est venu comme un poisson dans un aquarium au moment du repas en tout cas),

tartinez avec le St Hub, saupoudrez d'aneth, tartinez le caviar veggie sur le dessus, recouvrez de tranches de concombre (coupées dans le sens de la longueur), remettez une tranche de pain le tout étalé aussi ! en haut.

39. SPÉCIAL SANDWICH VÉGÉTARIEN

Ingrédients:

- 6 tranches de pain moelleux aux 7 céréales Harry's
- 6 œufs.
- 10cl de lait
- Sel poivre.
- 2 grosses carottes.
- 1 belle courgette.
- 1 oignon.
- 30 g de beurre.
- 2 cuillères à soupe d'huile de tournesol.
- 10 brins de ciboulette.
- 1 belle tomate.

- 4 tranches d'Emmental.
- 3 cuillères à soupe de moutarde de votre choix.

Préparation

1. Lavez les courgettes. Épluchez les carottes et l'oignon. Râper les carottes, les courgettes et l'oignon avec une râpe grossière.
2. Dans la poêle, faire fondre le beurre avec une cuillère à soupe d'huile à feu assez vif. Ajouter les légumes, saler et poivrer et cuire en remuant de temps en temps pendant 5 à 7 minutes.
3. Pendant ce temps, battre les œufs, ajouter le lait. Hachez la ciboulette. Remuez le tout. Verser sur les légumes. Cuire environ 5 à 8 minutes en remuant une ou deux fois.

Dressage:

1. Coupez la tomate en tranches après l'avoir lavée.
2. Étaler de la moutarde sur 1 côté de chaque tranche de pain. Sur une des tranches déposer 1 tranche d'Emmental et des tranches de tomates avec quelques brins de ciboulette. Placez la deuxième tranche dessus. Sur cette tranche déposer une

portion d'omelette. Ajouter la dernière tranche d'Emmental et la dernière tranche de pain (côté moutarde vers l'intérieur).
3. Dans une poêle à griller, faire chauffer un peu d'huile. Placez le sandwich et faites-le cuire environ 5 minutes de chaque côté.

40. CRU, IG FAIBLE

Ingrédient

- 60g de noix
- 80g de noix de cajou
- 50g de cacao en poudre
- 50g de noix de coco râpée
- 2 cuillères à café d'extrait de vanille
- 60 ml de sirop d'agave

Préparation

1. Placer tous les ingrédients dans le bol du robot culinaire et mélanger jusqu'à ce qu'ils commencent à se mélanger.

2. Former une boule avec la pâte et l'étaler au rouleau à pâtisserie entre 2 feuilles de papier sulfurisé
3. à l'aide d'un emporte-pièce, formez les cookies.
4. Réserver au réfrigérateur pendant la préparation de la crème.

Crème coco-fraise :

- 1 boite de 400ml de lait de coco réfrigéré au moins 1 nuit (ne pas prendre la lumière !)
- 1 dix fraises
- 1 cuillère à soupe de fructose

Préparation

1. Ecraser les fraises et réserver
2. Récupérez la partie solide du lait de coco et fouettez-la avec le fructose pour la monter en chantilly.
3. Lorsque la chantilly est bien montée, versez environ 80-100 ml de purée de fraise et continuez de fouetter quelques instants.
4. Placer la chantilly à la fraise une dizaine de minutes au congélateur (pour faciliter le montage des sandwichs)
5. Pour le montage des sandwichs prévoyez environ 1 à 2 cuillères à café de crème de fraise par portion (bien sûr cela dépend de la

taille de vos emporte-pièces...). Conservez-les au congélateur et sortez-les 1 heure avant de les déguster.

6. Le reste de la crème peut servir de glaçage pour des cupcakes, des sauces aux fruits... Elle se conserve 2 à 3 jours au réfrigérateur.

41. SANDWICH VEGAN DOUBLE CHAMPIGNONS ET ÉPINARDS AVEC CRÈME ÉPICÉE.

INGRÉDIENTS

- Tranches de pain de mie
- 3 poignées d'épinards
- 1 tomate
- 1/2 oignon
- 4 poignées de champignons
- Une pincée de sel
- Persil
- Poivre noir
- 1 ail
- Huile d'olive

Pour la sauce:

- 1 tasse de lait de soja non sucré + réserve
- 4 cuillères à café d'amidon de maïs (connu sous le nom de fécule de maïs ou de farine de maïs fine).
- 1 ail
- 1 pomme de terre moyenne
- 6 cuillères à café de levure nutritionnelle
- 3 cuillères à café d'ail en poudre
- 1 longue giclée de Citron
- Une pincée de sel
- Thym
- Origan
- Poivre noir

Préparation

1. Nous allons commencer par préparer la sauce. Pour ce faire, faites chauffer un jet d'huile d'olive à feu moyen dans une poêle et ajoutez un des ail, épluché et coupé en deux.
2. Lorsque l'ail est rôti des deux côtés, ajoutez la tasse de lait de soja, les 3 cuillères à café d'ail en poudre et laissez jusqu'à ce qu'il commence à bouillir.
3. Pendant ce temps, nous épluchons et coupons une pomme de terre de taille moyenne en petits morceaux. Faire bouillir une autre

petite casserole avec de l'eau et porter à ébullition, mettre les morceaux de pommes de terre à l'intérieur et cuire jusqu'à tendreté.
4. Dans l'autre casserole, ajoutez 6 cuillères à café de levure nutritionnelle (ou plus), une pincée de sel, du thym, de l'origan généreux et un long trait de citron.
5. Maintenant, nous prenons les 4 cuillères à café de fécule de maïs et les ajoutons très petit à petit - mieux si nous le tamisons.
6. Nous réduisons le feu à puissance moyenne-faible, ajoutons beaucoup de poivre et avec quelques tiges, remuons rapidement pour éviter la formation de grumeaux. Rapidement, car il va épaissir en quelques minutes.
7. Ce qui donnera de l'onctuosité à notre sauce, c'est la fécule de maïs qui, mélangée au lait végétal chaud, créera une crème légèrement épaisse. Vous pouvez compenser la densité en ajoutant plus d'amidon ou plus de lait végétal.
8. Lorsque la sauce commence à épaissir, nous éteignons le feu.
9. Ajouter la pomme de terre et l'écraser avec les tiges elles-mêmes. On continue de

remuer. Vous pouvez toujours utiliser un mélangeur à main pour corriger les grumeaux.
10. On réserve la crème et c'est parti pour la garniture.
11. Prenez les champignons et l'ail restant, émincez-les et ajoutez-les dans une poêle avec un filet d'huile d'olive, de poivre noir et de persil. Nous les faisons sauter jusqu'à ce qu'ils soient dorés.
12. Maintenant, il y a deux options. Si, comme moi, vous voulez faire le double sandwich séparé par saveurs, retirez les champignons lorsqu'ils sont bien dorés, réservez-les, puis faites revenir l'oignon et les épinards séparément. Ou, on saute tout ensemble, ça va goûter.
13. Lorsque nous avons tous les légumes grillés, nous les mélangeons avec la sauce (encore une fois séparément ou ensemble).
14. Si la sauce, après repos, est très épaisse, ajoutez un peu de lait végétal et faites chauffer pendant une demi-minute pour qu'elle retrouve son onctuosité.
15. Maintenant, nous allons griller le pain des deux côtés. Ensuite, nous le remplissons de crème, en ajoutant un autre peu de poivre,

de la levure nutritionnelle et du sel. Nous recouvrons de quelques tranches de tomates et fermons avec une autre tranche de pain.

16. Nous plaçons une autre couche de garniture sur le dessus et fermons avec la troisième et dernière tranche de pain.
17. Servez le double sandwich végétalien fraîchement grillé, chaud et avec la sauce crémeuse.

42. SANDWICH DE PÂTES AUX POIS CHICHES ET AVOCAT

INGRÉDIENTS

- 8 tranches de pain d'épeautre complet
- 200 g de pois chiches BIO (déjà cuits)
- 1 avocat
- Quelques feuilles de coriandre
- 1 trait de citron
- 2 cuillères à soupe d'huile d'olive
- Sel et poivre
- Feuilles vertes, tranches de tomates et germes de luzerne

Préparation

1. Pour préparer la pâte de pois chiches et d'avocat, mettez les pois chiches et l'avocat dans un bol et écrasez-les avec une fourchette. Ajouter le citron, le sel, le poivre, l'huile d'olive et les feuilles de coriandre finement hachées et bien mélanger.
2. Assemblez les sandwichs en superposant d'abord les pâtes, puis quelques tranches de tomates et quelques feuilles vertes, et enfin quelques pousses de luzerne.

43. SANDWICH AU HOUMMUS DE BETTERAVES

Ingrédients

- 8 tranches de pain d'épeautre complet
- Hummus à la betterave (voir recette ici)
- Chou rouge, coupé en julienne
- Feuilles vertes

Préparation

1. Nous préparons le houmous de betterave en suivant la recette que Gloria nous a partagée il y a quelques mois.
2. Assembler les sandwichs en déposant une première couche de houmous de betterave

et en poursuivant avec le chou rouge coupé en fines juliennes. On se retrouve avec des feuilles vertes.

44. SANDWICH AU TOFU ET AU BACON

INGRÉDIENTS

- 8 tranches de pain d'épeautre complet
- 4 cuillères à café de moutarde bio
- 250 g de tofu ferme
- 2 cuillères à soupe de sauce soja BIO Tamari
- 1 cuillère à café de paprika de La Vera
- ½ cuillère à café d'ail en poudre
- Huile d'olive
- 1 tomate
- Feuilles vertes

Préparation

1. Pour faire le bacon de tofu, nous divisons le bloc en trois parties et coupons chacune en fines tranches (environ 3 mm d'épaisseur). De cette façon, nous aurons des lanières similaires à la forme de bacon.
2. Nous mettons les lanières dans une casserole (si elles ne rentrent pas toutes, nous le faisons plusieurs fois en divisant la quantité d'épices et de tamari) avec un filet d'huile d'olive et de poudre d'ail.
3. On fait bien dorer des deux côtés en prenant soin de ne pas les brûler. Lorsqu'ils sont dorés, ajoutez le paprika et le tamari et poursuivez la cuisson à feu doux encore 1 minute de chaque côté.
4. Assembler les sandwichs en étalant d'abord une cuillère à café de moutarde sur les tranches pain. Ensuite, nous plaçons quelques tranches de bacon de tofu et, enfin, les tranches de tomates et les feuilles vertes choisies.

45. SANDWICH VEGAN AVEC AVOCAT, ROQUETTE, TOMATE ET MAYO FRAMBOISE

Ingrédients (pour deux sandwichs végétaliens)

- Pain de mie (je recommande particulièrement le pain de mie avec peu de mie)
- Avocat
- Tomate
- Roquette fraîche
- Oignon
- Huile d'olive
- Pour la mayonnaise aux framboises (sans oeuf) :

* La mayonnaise aux framboises vous durera environ 6 sandwichs. Il se conserve parfaitement plusieurs jours au réfrigérateur, mais mieux si vous le conservez dans un contenant hermétique.

- 1/4 tasse de lait de soja (idéalement, le lait de soja est non sucré. J'utilise la version plus neutre (brique blanche) de Mercadona).
- Une demi-tasse d'huile de tournesol
- une pincée de sel
- Un soupçon de citron
- Une poignée de framboises fraîches
- Nous aurons besoin d'un mélangeur à main.

Préparation

1. La première étape sera de préparer la mayonnaise à la framboise. Pour ce faire, dans un récipient profond, nous mélangeons le lait de soja, l'huile de tournesol, une pincée de sel et écrasez.
2. La meilleure façon de battre une mayonnaise est d'immerger complètement le mélangeur à main et de mélanger le mélange de haut en bas petit à petit. Ne vous inquiétez pas, c'est très facile.
3. Ensuite, ajoutez un peu de citron et de framboises et mélangez à nouveau.
4. Nous continuons à trancher l'avocat et la tomate, et réservons.

5. Ensuite, nous mettons le pain à griller et le laissons jusqu'à ce qu'il soit légèrement doré.
6. Pendant ce temps, nous coupons l'oignon en rondelles et les faisons dorer à la poêle. Pour ce faire, on graisse la poêle avec un peu d'huile d'olive et, quand l'huile est chaude, on fait dorer les anneaux pendant 2 ou 3 minutes, à feu moyen-vif. Ils n'ont qu'à prendre de la couleur.
7. Maintenant, nous sélectionnons quelques feuilles de roquette.
8. Lorsque le pain est grillé, l'étaler abondamment avec la mayonnaise à la framboise.
9. Ensuite, nous plaçons des feuilles de roquette à la base, des tranches de tomates, de l'avocat, quelques rondelles d'oignon et finissons le dessus du sandwich avec une autre petite sauce. On ferme et c'est parti !

46. SANDWICH BLT

Ingrédients

Pour les lardons :

- 150gr de tofu (préalablement égoutté)
- 1 cuillère à soupe de sauce Worcestershire végétalienne
- 2 cuillères à soupe de sirop d'érable
- 1/2 cuillère à soupe de sauce soja
- 1 cuillère à soupe d'huile de noix de coco

Pour le sandwich :

- 4 tranches de tranché pain
- 1 tomate en tranches
- laitue française

- mayonnaise végétalienne

Préparation

1. Couper le tofu (préalablement égoutté) en 8 lanières.
2. Dans un grand bol, ajouter la sauce Worcestershire, le sirop d'érable et la sauce soya. Bien mélanger. Ajouter les lanières de tofu et laisser mariner 15 minutes.
3. Placer l'huile de coco sur une plaque en aluminium et bien vernir.
4. Poser les lamelles de tofu dessus et enfourner à 350° pendant 25 minutes. Cuire à 400° pendant 5 minutes et éteindre. Retirer du four.
5. Placer de la mayonnaise végétalienne sur chaque pain, ajouter la tomate, la laitue et 4 tranches de bacon par sandwich.

47. SANDWICHS PANÉS VÉGAN

INGRÉDIENTS (2 SANDWICHS)

- 4 tranches de saucisse vegan (type dinde, jambon...)
- 4 tranches de fromage végétalien
- 4 tranches de tranché pain
- 3 cuillères à soupe de farine à enrober sans oeuf (type "farine Yolanda")
- 1 verre d'eau
- Huile d'olive

PRÉPARATION

1. Nous commençons comme dans les sandwichs mixtes d'une vie, en plaçant les tranches de fromage et de saucisse végétalienne sur une tranche de pain en veillant à ce qu'elles ne

dépassent pas. Nous recouvrons d'une autre tranche et coupons en deux, en laissant deux triangles. Nous faisons la même chose avec l'autre sandwich végétalien.

2. Pour préparer la pâte, mélangez l'eau tiède avec la farine dans un plat creux et remuez avec quelques tiges jusqu'à ce qu'il n'y ait plus de grumeaux. Il doit avoir une texture similaire à celle de l'œuf. Plus nous rendons ce mélange dense, plus la pâte sera épaisse et croquante sur nos sandwichs, donc selon vos goûts vous pouvez ajouter un peu plus de farine.

3. Dans le cas où vous n'avez pas de farine spéciale pour les pâtes, vous pouvez utiliser un autre type de farine et faire le même mélange mais en ajoutant une pincée de curcuma pour donner un peu de couleur.

4. Nous mettons un doigt d'huile dans une poêle et faisons frire soigneusement nos triangles de sandwich des deux côtés, jusqu'à ce qu'ils soient bien dorés. Débarrasser sur une assiette avec du papier absorbant pour enlever l'excès d'huile.

5. Le mieux est de les déguster bien chauds alors...

48. SANDWICH PORTOBELLO AUX CHAMPIGNONS ET OIGNON CARAMÉLISÉ

Ingrédients

- 1 oignon blanc tranché
- 2 cuillères à soupe d'huile d'olive
- 1 ½ cuillères à soupe de sirop d'érable
- 1 pincée de sel
- 4 gros champignons portobello
- 2 cuillères à soupe de sauce Worcestershire
- ½ tasse de fromage végétalien râpé
- À votre service:
- pain baguette
- frites

Préparation

1. Placer une grande poêle sur feu vif, ajouter l'huile, quand elle est chaude ajouter les

tranchés l'oignon et cuire 2 minutes en remuant bien. Ajouter l'érable, mélanger et couvrir la poêle. Cuire 4 minutes à feu moyen ou jusqu'à ce que l'oignon soit translucide.

2. Couper les champignons portobello en lanières ou « filets », les ajouter dans la poêle avec l'oignon et ajouter la sauce Worcestershire. Monter le feu à puissance maximale et cuire en remuant bien pendant 5 minutes.
3. Lorsque les bords des champignons commencent à dorer, ajoutez le fromage végétalien et remuez à feu moyen. Ajuster le point de sel et retirer du feu.
4. Servir sur du pain type baguette préalablement grillé ou réchauffé à la poêle. Accompagner de frites.

49. SANDWICH AU PAIN DE MILLET

Ingrédients pour 2 personnes :

- 1 verre de millet
- 1 oignon coupé en dés
- une pincée de curcuma
- mer sel
- huile d'olive
- 3 verres d'eau

Pour le remplissage:

- 1 bloc de tofu fumé coupé en tranches (mariné avec sauce soja et herbes aromatiques si on veut)
- germé
- 2 radis

- laitues mélangées
- graines de sésame grillées
- à tartiner : du pâté végétal, ou du beurre de noix émulsionné à l'eau chaude

Préparation:

1. Faire chauffer l'huile dans une casserole, ajouter l'oignon et une pincée de sel, cuire 10-12 minutes. Laver le millet et l'ajouter dans la cocotte avec 3 verres d'eau, une pincée de curcuma et une autre pincée de sel, porter à ébullition, réduire au minimum et couvrir bien
2. Préparez le tofu grillé.
3. Coupez un morceau de millet de forme rectangulaire à carrée, tartinez-le de pâté de légumes ou de beurre de noix, ajoutez un assortiment de laitues, les radis finement coupés, une tranche de tofu, plus de laitue et quelques pousses, une autre tranche, coupez un autre morceau de millet de la même taille et l'étaler avec ce que nous voulons et le placer à l'envers pour couvrir le sandwich. Garnir de graines de sésame grillées sur le dessus.

50. SANDWICH TOMATE BASILIC

Ingrédients

- 2 - 3 tomates coupées dans le sens de la longueur
- 1 généreuse pincée de sel
- 1 cuillère à soupe d'huile d'olive
- 1 - 2 herbes italiennes séchées
- 1 trait de vinaigre balsamique
- 2 tranches de pain
- Fromage à la crème végétalien
- 4 - 5 feuilles de basilic
- Poivre noir

Préparation

1. Faites chauffer une poêle à feu moyen avec l'huile et les herbes. Une fois chaud, ajoutez les tomates en une seule couche.
2. Ajoutez du sel. Une fois qu'ils sont tendres, ajoutez un trait de vinaigre balsamique en secouant la poêle.
3. Éteignez le feu. Ce processus ne devrait prendre que quelques minutes.
4. Tartiner le pain de fromage, ajouter le basilic ciselé et le poivre moulu.
5. Placer les tomates dessus.
6. Griller le sandwich ou simplement griller le pain d'abord, puis ajouter les tomates et le fromage.

51. SANDWICH AU NOPAL

Ingrédients

- 2 tranches de pain de blé entier
- 2 cuillères à soupe de haricots frits
- 2 feuilles de laitue
- 2 petits nopales
- 100g de fromage de soja
- Sel et poivre au goût
- 1 c. le vinaigre

Préparation

1. Faire griller les 2 nopales avec du sel et du poivre au goût pendant 5 minutes et gratiner le fromage sur le nopal.
2. griller les 2 tranches de pain.

3. Une fois le pain grillé étalez les 2 cuillères à café de haricots
4. Ajoutez les nopales au fromage, la laitue, l'avocat, la tomate au pain et ajoutez une petite touche de vinaigre.
5. couper le sandwich en deux.

52. SANDWICH CRU AVEC AVOCAT ALI-OLI

Ingrédients pour 2 personnes :

- 1 avocat
- 1/2 gousse d'ail
- 1 cuillère à café de pâte d'umeboshi
- 1/2 citron
- 2 carottes, râpées
- germé
- divers types de feuilles vertes (mâche, roquette..)

Pour le "pain":

- 1/2 verre de graines de sésame
- 1/2 tasse de graines de citrouille
- 1 grosse carotte, râpée finement

- 2 cuillères à soupe de granulés d'oignons séchés
- 2 cuillères à soupe de basilic séché

Ustensiles de cuisine spéciaux :

- Déshydrateur (ou sécher au soleil, ou cuire à température minimale avec le ventilateur et avec la porte légèrement ouverte pour faire circuler l'air)

Préparation:

1. La veille de la préparation du pain :
2. écraser tous les ingrédients en ajoutant un peu d'eau jusqu'à obtention d'une texture gérable, l'étaler sur une feuille paraflexx ou sur du papier sulfurisé (mettre 3 couches), et déshydrater à 105°F pendant 8 heures. Au bout de ce temps, retournez-le et séchez 1h supplémentaire sans le papier ni le papier d'aluminium.
3. Réalisez l'ali-oli d'avocat : pressez le 1/2 citron et écrasez-le avec l'avocat, l'ail et la pâte d'umeboshi.
4. Tartiner le pain d'ali-oli et garnir de carottes râpées, de feuilles vertes et de pousses.

53. SANDWICH EXTRA

Ingrédients

- 1 miche de pain français
- 400 grammes de tomates cerises douces
- 1 aubergine moyenne
- 1 bouquet de basilic, haché
- 2 tranches de fromage végétalien-tofutti- (facultatif)
- Huile d'olive
- Le sel
- Poivre

Préparation

1. Préchauffez le four.

2. Coupez les tomates en deux et placez-les côté vers le haut dans un plat allant au four.
3. Saupoudrer d'une généreuse pincée de sel et de 2-3 cuillères à soupe d'huile d'olive.
4. Cuire 70-80 minutes à four doux.
5. Épluchez l'aubergine et coupez-la en tranches.
6. Saupoudrer d'une généreuse pincée de sel et 1/2 tasse d'huile d'olive.
7. Cuire au four (à basse température) pendant 35 à 45 minutes, jusqu'à ce que les aubergines soient tendres et dorées.
8. Couper le pain en deux parts égales.
9. Frotter le pain avec de l'huile d'olive et ajouter les légumes.
10. Cuire jusqu'à ce que le pain soit croustillant et que le « fromage » fonde.
11. Joindre les 2 moitiés de pain pour former le sandwich.

54. SANDWICH AU TOFU AVEC MAYONNAISE ET HERBES FRAÎCHES

Ingrédients

- 1 bloc moyen de tofu (assez pour le sandwich)
- 1/4 mayonnaise végétalienne
- 1 cuillère à soupe de moutarde
- Céleri finement haché au goût
- 1 cuillère à café de jus de citron
- Herbes fraîches au goût
- Sel au goût
- Poivre à goûter
- Luzerne
- Blé blanc ou entier tranché pain (végétalien !, vérifiez l'étiquetage)

Préparation

1. Pour cette recette exquise de cuisine végétarienne, nous commencerons par prendre le tofu et l'émietter, puis dans un récipient, nous les mélangerons avec la mayonnaise végétalienne, la moutarde, le céleri haché, le citron, les herbes fraîches, le poivre et le sel au goût. Nous remuons très bien pour créer une pâte très épaisse.
2. Une fois prêt on tartine simplement le pain avec ces pâtes et par dessus, on met un peu de luzerne fraîche.

55. SANDWICH VÉGÉTARIEN AVEC MAYONNAISE DE CITROUILLE

Ingrédients

- 1 aubergine moyenne
- 1 courge zuccini moyenne
- 4 tranches de citrouille
- Bouillon de légumes en poudre
- Fromage végétalien
- Sel c / n
- Huile c / n
- Eau c / n

Préparation

Mayonnaise au potiron :

1. Dans une casserole, nous plaçons la citrouille coupée en cubes uniformément

2. On met de l'eau pour couvrir les cubes, on saupoudre de bouillon de légumes en poudre et on laisse cuire jusqu'à ce que les cubes soient cuits.
3. Une fois cuit, retirer du feu (il ne doit plus rester d'eau car elle est consommée pendant la cuisson), mettre les cubes dans un bol, ajouter le yaourt et mixer.
4. Corriger le sel et si besoin le poivre.

Pour la garniture du sandwich :

1. Filetez l'aubergine et les courgettes et faites-les griller.
2. Choisissez un pain bas avec peu de mie mais long.
3. Nappez-le de mayonnaise et remplissez-le.
4. Vous pouvez ajouter des pousses, des quartiers d'avocat et des feuilles de laitue.

56. SANDWICH AU PATE D'AUBERGINE

Ingrédients

- 4 tranches de pain de blé entier
- Tahini
- Olives
- Ail et jus de citron
- Huile d'olive et sel

Préparation

1. Les aubergines sont cuites pendant 20 minutes.
2. Ils sont pelés et écrasés avec le jus de citron, l'ail, le tahini et l'huile, assaisonnés au goût.

3. Les tranches sont étalées avec ce pâté, coupées en deux, enroulées et décorées d'olives.

57. SANDWICH AU TOFU

Ingrédients

- 1/4 kilo de tofu ferme
- Huile d'olive
- Une tomate mûre
- La poêle
- un avocat
- 6 cuillères à café d'ail en poudre
- 6 cuillères à café de poudre d'oignon
- 1/2 cuillère à café de sel
- 1 cuillère à café de poivre noir
- 1 cuillère à café de cumin
- 1 cuillère à café de poivron rouge
- Salade

Préparation

1. Passer le tofu dans l'huile d'olive puis dans le mélange d'épices.
2. Faire revenir dans un peu d'huile d'olive à feu vif jusqu'à coloration dorée. Assemblez le sandwich en coupant le pain en deux et en le remplissant de laitue, tomate, avocat et tofu.

58. SANDWICH AU QUINOA ET CHAMPIGNONS

Ingrédients pour 2 personnes :

- 1 pot de quinoa
- 1 oignon coupé en demi-lunes
- une pincée de curcuma
- mer sel
- 2 verres d'eau
- 1 gousse d'ail, émincée
- 1 carotte finement râpée
- 7 champignons
- pignons de pin grillés
- huile d'olive
- sauce soja (tamari)

Préparation:

1. Lavez le quinoa, faites chauffer un peu d'huile dans une casserole et faites revenir l'ail émincé, ajoutez le quinoa et faites griller 2 minutes. Ajoutez ensuite les 2 verres d'eau, une pincée de sel et le curcuma, portez à ébullition, baissez au minimum et couvrez 20 minutes.
2. Placer dans un grand bol pour refroidir et ajouter la carotte râpée. Posez-le à plat sur une assiette (pour pouvoir ensuite le découper).
3. Faire revenir l'oignon avec un peu d'huile d'olive et du sel pendant 10 minutes, ajouter les champignons et un trait de sauce soja, faire revenir jusqu'à évaporation du liquide, ajouter quelques pignons et mixer.
4. Former un sandwich avec une couche de quinoa, la purée de champignons et une autre de quinoa. Décorer avec des champignons et des pignons de pin.

59. SANDWICH AU TOFU SAISI

INGRÉDIENTS

- 2 tranches de céréales Thins 8
- ½ bloc de tofu ferme
- 1 cuillère à café de concentré de pomme
- 2 cuillères à café de tamari ou de sauce soja
- 1 cm de racine de gingembre frais
- 75 grammes noix de cajou (trempées pendant 2 heures)
- Le jus d'un demi citron
- 1 grosse cuillère à soupe de levure de bière
- Ciboulette, hachée au goût
- Quelques feuilles de laitue rouge
- Doit

- L'eau

PRÉPARATION

1. Pour braiser le tofu, nous le coupons d'abord en gros filets minces et le faisons frire dans la poêle avec un peu d'huile jusqu'à ce qu'il soit doré des deux côtés. D'autre part, on épluche le gingembre et on le râpe. Nous l'ajoutons à la poêle avec la sauce tamari (ou sauce soja) et le concentré de pomme. Nous ajoutons également de l'eau pour couvrir le tofu. Laisser cuire à feu doux-moyen jusqu'à ce que le liquide soit consommé.

2. Pour préparer la crème sure, nous allons écraser les noix de cajou (préalablement trempées pendant deux heures), avec la levure de bière, le jus de citron et un peu d'eau. Une fois qu'on a les noix de cajou bien concassées, on ajoute de l'eau petit à petit jusqu'à l'obtention d'une crème, plus ou moins épaisse, selon le goût, et on ajoute du sel. Nous allons ajouter une touche à notre crème sure en ajoutant un peu de ciboulette.

3. Nous assemblons notre sandwich Thins en disposant une base de feuilles de laitue rouge, les filets de tofu braisés et la crème sure.

60. SANDWICH AUX LÉGUMES

Ingrédients:

- 2 carottes
- 4 cuillères à soupe de maïs doux
- 1/2 courgette
- 3 radis
- quelques choux ou chou
- feuilles
- quelques feuilles de laitue batavia
- 1 tasse de mâche fraîche
- 2 tomates
- poivre noir moulu
- sel au goût
- 8 tranches de tranché pain ou pain de mie

- Pour la veganesa (mayonnaise végétale) :
- 50 ml de lait de soja (non sucré)
- 150 ml d'huile de tournesol
- 1 cuillère à soupe de vinaigre de cidre de pomme
- 1/2 cuillère à café de moutarde
- 1/4 d'une gousse d'ail (sans nerf)
- Sel au goût

Préparation

1. Mettez les tranches de pain à griller au grille-pain ou dans une poêle antiadhésive plate, par lots, pendant que nous préparons la garniture.
2. Bien laver tous les légumes. Julienne (à la main ou avec une mandoline, ou si vous n'en avez pas, servez avec une râpe à gros trous) les carottes, courgettes, choux et radis, mélangez-les avec le maïs, saupoudrez le tout d'une pincée de sel (moins plus de 1/4 cuillère à café) et le mettre dans un bol sur du papier absorbant.
3. D'autre part, coupez les tomates en tranches fines et la laitue en morceaux moyens.
4. Pour faire le végétalien, mettez le lait de soja et la moutarde dans un récipient haut légèrement plus large que le bras du mixeur

(ou utilisez un mixeur) et, en battant à vitesse moyenne, ajoutez progressivement l'huile. de tournesol, en essayant au début de ne pas déplacer le mélangeur, jusqu'à ce qu'il émulsionne. Continuez à battre et à ajouter l'huile, puis ajoutez le reste des ingrédients pour les végétaliens. Goûtez-le et ajoutez du sel si nécessaire.

5. Retirez le papier absorbant des ingrédients que nous avons coupés en julienne et mélangez-les avec le végétalien. Avec cela, nous avons déjà notre garniture de sandwich.

6. Pour assembler chaque sandwich, nous plaçons sur une tranche de pain fraîchement grillé quelques morceaux de laitue, puis quelques tranches de tomate, saupoudrons de poivre noir et continuons avec quelques cuillères à soupe de garniture et terminons avec plus de laitue, de mâche et une autre tranche de pain.

61. SANDWICH AU TOFU ET MISO

Ingrédients

- 2 cuillères à soupe de miso rouge
- 2 cuillères à soupe de jus de citron
- 2 cuillères à soupe de sucre
- 2 cuillères à soupe de tamari ou de sauce soja
- 1 cuillère à soupe de levure nutritionnelle
- 1/4 cuillère à café de fumée liquide
- 1 paquet de tofu ferme égoutté

Préparation

1. Préchauffez le four.

2. Enveloppez le tofu (déjà égoutté) dans des serviettes en papier et mettez quelque chose de lourd dessus pendant 10 à 20 minutes.
3. Déballez le tofu et coupez-le en fines tranches.
4. Mettre dans un bol avec la marinade et laisser reposer 10 minutes. Cuire au four pendant 20 minutes.
5. Sortir du four et laisser refroidir.
6. Pour la marinade, mélanger le miso, le citron, le sucre, le tamari, la levure et la fumée.
7. Préparez le sandwich avec du pain grillé, des feuilles d'épinards et de la mayonnaise végétalienne.

62. SANDWICH AUX ASPERGES SAUVAGES ET CHAMPIGNONS

Ingrédients

- 4 petites tranches de pain
- 5 asperges vertes
- 6 petits champignons
- 2 tranches d'oignon
- 2 prunes de Californie, dénoyautées
- poivre blanc
- Huile
- L'eau
- Le sel

Préparation

1. Dans une petite poêle, ajoutez une cuillère à café d'huile et faites chauffer. quand il fait chaud ajouter les asperges et les assaisonner. Faites-les revenir environ 3 minutes à feu vif avec un couvercle dans la casserole (pour qu'il n'éclabousse pas).
2. Mettre une tranche de tranché pain sur une assiette et déposer les asperges bien alignées dessus. recouvrez-les d'une autre tranche de pain.
3. Dans la même poêle, ajoutez une autre cuillère à café d'huile, faites chauffer et mettez les champignons ensemble avec leur pied préalablement séparé. une pincée de sel, couvrir et sur feu vif pendant encore 3 minutes, en remuant de temps en temps pour qu'ils soient cuits des deux côtés. placez-les sur la tranche de pain en formant un deuxième étage et recouvrez-les d'une autre tranche de pain.
4. Nous retournons dans la poêle et plaçons les tranches d'oignon avec une goutte d'huile et de sel. feu vif et couvrir une minute. Lorsqu'il est bien doré, ajoutez les 2 prunes coupées en petits morceaux avec un filet d'eau (environ 3 cuillères à soupe). Nous

mettons à feu vif et remuons jusqu'à ce que l'eau s'évapore.

5. Nous étalons ce mélange sur la tranche de pain précédente pour former un troisième étage. Recouvrez d'une autre tranche, écrasez le tout légèrement avec votre main et mettez tout le sandwich dans la poêle pour faire griller un peu le pain, sans huile ni aucune matière grasse car ce n'est pas nécessaire. nous nous tournons pour trinquer de l'autre côté.

6. On le met dans une assiette et on le coupe en deux pour manger plus confortablement.

63. SANDWICH AUX CONCOMBRES, CAROTTES ET ÉPINARDS.

Ingrédients

- 2 tortillas de blé (utilisées pour faire des tacos mexicains)
- 1/2 tasse de houmous
- 1 petit concombre, tranché très finement (environ 1/2 tasse)
- 1 carotte, râpée (environ 1/3 tasse)
- 1 et 1/2 cuillères à soupe de tamari (ou sauce soja)
- 1 et 1/2 cuillères à soupe de vinaigre de riz
- Poivre noir
- 2 poignées de pousses d'épinards

- Tabasco en option

Préparation

1. Mélanger le concombre avec la carotte.
2. Ajouter le tamari et le vinaigre de riz et remuer.
3. Laisser mariner 5 à 10 minutes (ou plus, si désiré).
4. Faites chauffer les tortillas (cela peut être au micro-ondes pendant quelques secondes avec une serviette en papier en dessous ou dans une casserole).
5. Étaler les tortillas avec le houmous, 3-4 cuillères à soupe chacune, en veillant à couvrir toute la surface.
6. Cela aidera le sandwich à coller.
7. Superposez les concombres, puis les carottes et saupoudrez de poivre frais sur le dessus.
8. Ajouter une couche de pousses d'épinards.
9. Roulez-les et chauffez-les sur une plaque chauffante pour créer ces marques dorées.
10. Servir et manger immédiatement.

64. SANDWICH AU TOFU VÉGÉTALIEN

Ingrédients

- Tofu ferme
- Pain de mie (moule)
- Tomate fraîche
- Laitue abricot ou romaine
- Sauce soja
- Coriandre
- Olive ou canola accepté

Préparation

1. Tout d'abord, vous devez couper le tofu en tranches et retirer l'excès de lactosérum.
2. Nous chauffons une poêle antiadhésive avec un peu d'huile d'olive. Placez le tofu et

décorez avec la coriandre, laissez-le dorer un peu jusqu'à ce qu'il prenne une consistance plus ferme et une délicieuse couleur dorée des deux côtés. On ajoute un peu de sauce soja pour lui donner plus de couleur et de saveur. Nous attendons que toute la sauce ajoutée se soit évaporée et mettons à feu doux.
3. Pendant ce temps nous préparons le pain, si vous le souhaitez avec un peu de mayonnaise vegan ou seul.
4. Nous ajoutons le tofu déjà cuit avec le tranché tomate, la laitue romaine en morceaux. Vous pouvez également ajouter un peu de moutarde vierge et ce sera totalement délicieux !

65. SANDWICH VÉGAN À EMPORTER

Ingrédients:

- 1 ou 2 piments piquillo en conserve.
- 1 échalote coupée en tranches assez épaisses (4 tranches)
- Un morceau de courgette grossièrement coupée.
- Salade
- Découpé en tranches tomate naturelle.
- Sel et huile d'olive
- Un yaourt de soja nature (végétalien)
- mayonnaise sans œufs)

Préparation

1. Nous mettons la ciboulette coupée et les courgettes sur une assiette. Nous ajoutons du sel au goût et un filet d'huile d'olive. nous le mettons au micro-ondes pendant 2 minutes à puissance maximale. une fois prêt, nous le plaçons sur le sandwich.
2. Nous ouvrons les piments piquillos en deux et les mettons sur le sandwich avec le reste des ingrédients.

66. SANDWICH DE PAIN PITA ET SANFAINA

Ingrédients

- 4 pains pita de blé entier
- 2 aubergines
- 2 courgettes
- 3 tomates pelées
- 1 poivron rouge
- 2 oignons hachés
- 2 gousses d'ail, hachées
- Olives, persil et poivre
- Huile d'olive et sel d'origan

Préparation

1. Un récipient avec de l'huile est chauffé dans lequel les oignons sont ajoutés.
2. Après quelques minutes, ajoutez le reste des légumes avec l'ail, le persil et l'origan et assaisonnez avec du sel et du poivre au goût.
3. Laissez cuire le mélange pendant 15 minutes et ajoutez les olives noires dénoyautées.
4. Les pains pita sont cuits, ouverts et remplis du ragoût préparé.

67. AVOCAT SANDWICH

Ingrédients

- 2 tranches (par sandwich) de pain
- 2 - 3 cuillères à soupe de choucroute
- 1/4 d'avocat (avocat) tranché
- 1 cuillère à soupe de tofu râpé
- 2 - 3 cuillères à soupe de mayonnaise de soja
- 1 cuillère à soupe de ketchup
- 2 cuillères à soupe de margarine

Préparation

1. Étaler la margarine sur le pain et griller.
2. Ensuite, étalez la mayonnaise, le ketchup et la choucroute.
3. Placez ensuite les tranches l'avocat sur une seule tranche de pain et saupoudrer de tofu.

4. Étendre plus de margarine sur l'extérieur du pain et
5. Griller jusqu'à ce que le sandwich soit doré, environ 3 à 5 minutes.

68. ZUCCHINI MUTABAL

Ingrédients:

- 2 courgettes moyennes (700 g)
- 3 cuillères à soupe de tahini blanc
- 2 gousses d'ail
  2 cuillères à soupe de yaourt de soja non sucré
- 2 cuillères à soupe de jus de citron
- 4-5 feuilles de menthe ou de menthe verte (facultatif)
- 1 cuillère à soupe d'huile d'olive (facultatif)

- ?? cuillère à café de paprika doux (facultatif)
- ?? cuillère à café de sel

Préparation

1. Préchauffer le four à 200°C.
2. Lavez les courgettes, retirez le bout (le morceau de tige) et coupez-les en deux dans le sens de la longueur. Couper la chair de courgette en diagonale sans atteindre la peau (on ne veut pas la couper en morceaux mais faire des encoches profondes pour la griller un peu plus vite) et saupoudrer d'un peu de sel.
3. Placer les courgettes face vers le haut (peau sur le moule) sur une plaque à biscuits recouverte de papier parchemin.
4. Mettez-les au four et laissez-les rôtir pendant 30-35 minutes, jusqu'à ce qu'elles soient tendres. Ils n'ont pas besoin d'être dorés.
5. Sortez soigneusement la viande des courgettes, avec une cuillère, et mettez-la dans le verre du mixeur (Remarque : elles peuvent être mises avec la peau et tout, mais comme mes courgettes étaient très foncées

j'ai décidé de ne pas en rajouter). S'ils brûlent beaucoup, laissez-les refroidir un peu.

6. Épluchez les gousses d'ail, coupez-les en deux et retirez la nervure médiane. Mettez l'ail dans le mixeur avec les courgettes et ajoutez le sel et le tahini. En option, vous pouvez ajouter du cumin moulu, de la coriandre fraîche et du poivre noir. Battez-le et ajoutez petit à petit le jus de citron et le yaourt de soja, ainsi vous pourrez vérifier la consistance de la crème. Continuez à battre le tout jusqu'à obtenir une crème onctueuse, même si rien ne se passe s'il reste des morceaux. Goûtez-le et rectifiez le sel si nécessaire. Si vous pensez que le mélange est trop épais ou trop épais, vous pouvez ajouter une ou deux cuillères à soupe supplémentaires de yaourt de soja.

7. Vous pouvez servir la crème tiède ou froide. Utilisez l'huile d'olive, les feuilles de menthe et le paprika pour mettre dessus juste avant de servir (c'est facultatif), cela lui donnera une touche de très bonne saveur. Accompagnez-le de pain (pita, naan (fait avec du yaourt de soja et de la margarine végétale), du chapati, du pain grillé, etc.) ou

de bâtonnets de légumes pour tremper. Vous pouvez également l'utiliser pour les sandwichs et les sandwichs, il se marie très bien avec la tomate naturelle, la laitue, le seitan, la carotte, etc.

8. Le mutabal est un pâté à la crème ou aux légumes un peu comme le babaganoush, il est aussi fait avec des aubergines, mais de différentes manières et avec différentes épices. En théorie, le mutabal libanais n'est pas aussi écrasé que le babaganoush (qui doit plutôt ressembler à une crème fine) et est généralement servi avec des graines de grenade, tandis que c'est le babaganoush qui est servi avec de l'huile d'olive et du paprika. Eh bien, cette recette est un mélange des deux, également à base de courgettes au lieu d'aubergines.

9. Si vous n'avez pas ou ne trouvez pas de yaourt de soja naturel non sucré, vous pouvez utiliser n'importe quelle crème liquide végétale pour cuisiner ou du soja, du riz, du lait d'amande ou tout ce que vous préférez. Ajoutez-le petit à petit pour éviter qu'il ne soit trop liquide, surtout si vous utilisez des laits non laitiers.

69. SANDWICH VEGANAL AUX BOULES DE VIANDE

Ingrédients

Pour les boulettes de viande :

- 2 gousses d'ail
- 2 champignons portobellos
- 2 cuillères à soupe de basilic frais (1 branche)
- 1 tasse de panko
- 1 tasse de quinoa cuit
- 2 cuillères à soupe de tomate déshydratée sans huile
- 1 cuillère à soupe de sauce tomate assaisonnée
- 1 pincée de sel
- Huile d'olive

Pour le sandwich :

- 2 pains façon baguette
- 1/2 tasse de fromage de style mozzarella végétalien
- 1/4 de sauce tomate
- Basilic frais au goût
- Sel au goût

Préparation

1. Sur une grille préalablement enduite d'un peu d'huile d'olive, déposer 2 gousses d'ail et 2 portobellos. Cuire à feu vif jusqu'à ce que les deux côtés soient bien cuits et dorés.
2. Placer les portobellos, l'ail, le basilic, le quinoa cuit, la sauce tomate, le panko et les tomates déshydratées dans un robot culinaire et mélanger pendant 1 minute ou jusqu'à l'obtention d'une consistance de pâte. Ajoutez plus de panko si votre mélange est détrempé.
3. Façonnez votre pâte en boules. Recouvrir les boules d'un peu de panko.
4. Sur une grande poêle et à feu moyen-vif, mettre un peu d'huile d'olive et ajouter vos boulettes de viande, les faire frire jusqu'à ce qu'elles soient dorées. Ajouter la sauce

tomate pour enrober les boulettes de viande. Cuire à feu moyen pendant 4-5 minutes.
5. Napper l'intérieur de la baguette de sauces tomates et de fromage mozzarella. Ajouter les boulettes de viande et cuire au four pendant 8 à 10 minutes. Vous pouvez enduire l'extérieur du pain d'un peu d'huile d'olive avant la cuisson pour le faire dorer.
6. Servir avec du basilic frais et ajouter plus de sauce tomate si vous le souhaitez.

70. DÎNER FRUGAL AVEC SANDWICH MARINÉ VÉGAN

Ingrédients

- 2 portions
- 3 tranches de pain de campagne
- 4 cuillères à soupe de légumes marinés au caserito
- 1 verre d'aguq avec de la glace et du citron

Préparation

1. Coupez les tranches de pain de campagne et placez-le dans des cornichons froids et faites des sandwichs très végétaliens et pratiques.

71. SANDWICHS DE MIGA "LEGER"

Ingrédients

- Pain de mie (Son) 10u
- 1 aubergine
- 1 oignon
- 1 carotte
- Feuilles de laitue
- 1-2 tomates
- Mayonnaise
- Faire sauter les aubergines
- 1 goutte d'huile
- Le sel
- Poivre
- 2 cuillères à soupe de moutarde

Préparation

1. Nous avons coupé l'aubergine en tranches. On met dans la poêle à cuire avec un peu d'huile, avec l'oignon (coupé en julienne). Jusqu'à ce que les deux soient mous. Assaisonnez avec du sel et du poivre. Avant de les sortir du feu, continuez de faire sauter avec un peu de moutarde. Maintenant, nous le retirons du feu et le laissons dans un bol avec un papier qui absorbe l'huile.
2. Maintenant, nous râpons la carotte. Nous avons coupé les tomates en tranches. Et on met de côté, chacun dans un bol différent
3. Maintenant, sur la table, nous plaçons une assiette de pain de mie et y étalons de la mayonnaise. Et par dessus on ajoute l'aubergine avec oignon + carotte râpée. Nous prenons un autre pain et étalons de la mayonnaise dessus et le fermons. En plus de ce même pain, nous avons étalé plus de mayonnaise. Dans cette couche, nous mettons la tomate et la laitue.
4. Pour finir, nous déposons de la mayonnaise sur un côté de l'assiette 3 pains et la fermons.

72. SANGUCHE VEGAN DE SEITAN

Ingrédients

- Assaisonnements
- (Au goût) Poivre noir moulu (facultatif)
- 1 cuillère à soupe provençale
- 1/2 cuillère à café de sel fin de l'Himalaya
- 1 cuillère à soupe de cassonade

Ingrédients

- gouttelettes Olive (Pour le pain, le seitan et les tomates)
- 2 tranches de pain
- Des légumes
- 1/4 tasse d'oignon vert

- 1/4 tasse de persil
- Fruits et légumes
- 1 tomate
- 1 tranche d'oignon
- 1 feta Papa

Préparation

1. Nous avons coupé une tranche de seitan
2. Nous préparons deux tranches de pain (complet si possible) à griller et un chapeau qui a : La cassonade - le Provençal et le sel
3. Coupez très finement le persil et l'oignon vert.
4. Couper la tomate en tranches (7 tranches environ).
5. Couper 1 tranche d'oignon.
6. Couper 1 tranche de pomme de terre (on peut laisser la pelure dessus)

*** L'important est que la pomme de terre soit bien rôtie.

1. L'oignon est rôti, mais pas tant que ça...****
2. On cuisine la pomme de terre et un peu plus tard la ceboia ??.
3. Lorsqu'ils sont plus ou moins nombreux, ils sont retirés dans une assiette séparée.
4. On fait cuire le seitan avec quelques gouttes d'huile d'olive pour qu'il ne colle pas.

5. On ajoute la petite tasse avec les assaisonnements...
6. Le sucre commencera à fondre, obtenant un "peu de jus".
7. Quelques secondes plus tard, nous ajoutons les tranches de tomates.
8. Et quand il commence à sortir son "Liquide".
9. Ajouter le persil haché et l'oignon vert, remuer un peu.
10. Des gouttelettes d'huile d'olive, et nous envoyons la pomme de terre et l'oignon pour continuer la cuisson avec la préparation. et nous ajoutons du poivre moulu au goût de temps en temps.
11. Quand la pomme de terre est; On enlève tout de l'assiette sur une assiette à part, et sans éteindre le feu, on commence à faire le pain avec d'autres gouttes d'huile d'olive...
12. Rond et rond jusqu'à ce qu'ils soient grillés et ... voaaalaa maestress
13. Énorme chegusan.

73. SANDWICH VÉGAN

Ingrédients pour 1 personne

- 1 unité(s) de tomate demi-tomate coupée
- 10 grammes d'épinards 4 ou 5 feuilles
- 1 pincée de fèves germées au goût
- 1 pincée de pain de blé entier

Préparation

1. Couper les tomates et les placer dans la poêle, mettre sur les feuilles d'épinards et les germes de soja.
2. Vous pouvez mettre de la sauce végétale ou un peu de houmous et c'est très riche.

74. PAIN DE SEIGLE TRÈS FACILE

Ingrédients pour 6 personnes

- 1 cuillère à café de sel (moyenne mieux)
- 1 cuillère à café de cassonade ou de mélasse
- 1 unité(s) d'eau chaude
- 300 grammes de farine de seigle entière
- 4 grammes de levure chimique ou 25 g de levure. frais

Préparation

1. Mélanger l'eau avec la levure et le sucre dans un bol et laisser reposer 5 min.
2. Mélanger la farine et le sel.

3. Mélangez le tout sans pétrir et sans forcer (j'ai utilisé une fourchette) jusqu'à ce que ce soit homogène.
4. Avec les mains mouillées, faire une boule avec la pâte et la laisser reposer dans un bol pendant 3 heures recouvert d'un film.
5. 20 min avant de l'enfourner la préchauffer à 180° puis mettre la boule (déjà dans un moule) au four 50 min en position mi-doux et avec chaleur de haut en bas sans air. Sortez et laissez refroidir.

75. PAIN A L'AIL

Ingrédients pour 4 personnes

- 1.5 unité(s) d'Ail
- 2 cuillères à soupe de persil frais
- 3 cuillères à soupe de margarine
- 125 grammes de Baguette (une baguette)

Préparation

1. Sortez la margarine du réfrigérateur pour la ramollir avant de commencer la recette.
2. Mettez le persil et l'ail épluché dans le mélangeur jusqu'à ce qu'il soit fin, ajoutez la margarine et mélangez à nouveau. Si vous n'avez pas de broyeur, hachez l'ail au mortier et mélangez-le avec le persil haché,

puis à l'aide d'une fourchette mélangez la margarine.
3. Couper le pain en diagonale sans atteindre le fond pour qu'il ne se brise pas et remplir chaque trou avec le mélange margarine, persil et ail.
4. Enveloppez la baguette dans du papier aluminium et enfournez à 200°C pendant 7 minutes.

76. SANDWICH VÉGÉTAL

Ingrédients pour 1 personne

- 50 grammes de Tomate
- 30 grammes de laitue
- 2 unité(s) d'Asperges
- 60 grammes de pain de mie 2 tranches
- 1 cuillère à soupe de sauce sans oeuf sans lactose Hacendado

Préparation

1. Nous coupons la tomate, tartinons le pain avec la sauce et incluons les autres ingrédients.

77. SANDWICH LÉGUMES LÉGERS

Ingrédients pour 1 personne

- 1 pincée d'épinards (quelques feuilles)
- 1 cuillère à soupe de piment de Piquillo (bateau) (une unité)
- 1 cuillère à soupe de houmous
- 50 grammes de pain aux graines

Préparation

1. Ouvrir le pain et étaler du houmous au goût.
2. Ouvrez un poivron en deux et placez-le sur le pain.
3. Ensuite, mettez quelques feuilles d'épinards, fermez et : mangez !

78. SAUCISSE TYPE SAUCISSE POUR SANDWICHS

Ingrédients pour 6 personnes

- 1 cuillère à café d'ail
- 1 cuillère à café d'origan
- 1 cuillère à soupe de persil
- 2 verres d'eau
- 2 cuillères à soupe de sauce soja (tamari)
- 2 cuillères à soupe de cumin
- 1 verre de chapelure
- 2 verres de gluten de blé
- 1 cuillère à soupe d'oignon frit croustillant
- 0,5 cuillère à café de Paprika de la Vera ou de paprika fumé

Préparation

1. Mélanger tous les ingrédients solides dans un grand bol et bien mélanger avec une cuillère. - Unir tous les liquides - Verser le liquide sur le solide et bien mélanger pendant quelques minutes d'abord avec la cuillère puis pétrir. - Faire un rouleau avec la pâte et bien l'emballer dans du film alimentaire, (on lui fera de nombreux tours, puisque cet emballage nous servira plus tard à le conserver au réfrigérateur). On le noue bien aux extrémités ou avec un nœud, ou avec de la ficelle de cuisine. (Vous verrez qu'il ne prend que la forme d'un boudin, rond et allongé) - A l'aide d'un cure-dent en bois, percez plusieurs fois l'ensemble du rouleau de tous côtés, afin que la pâte soit bien faite à l'intérieur. - Mettre dans l'eau que nous aurons à bouillir pour cuire pendant 1 heure, en la retournant plusieurs fois. - Retirer de l'eau et laisser refroidir.

79. SANDWICH AUX CHAMPIGNONS, ÉPINARDS ET TOMATES.

Ingrédients pour 1 personne

- 1 unité(s) de Tomate râpée
- 1 cuillère à soupe d'épinards ou au goût
- 1 pincée de sel
- 1 pincée d'ail en poudre
- 1 pincée de crème au vinaigre balsamique de Modène
- 1 cuillère à café d'huile d'olive extra vierge
- 1 verre de baguette par bar
- 2 verres de champignons sautés surgelés, une poignée par sandwich

Préparation

1. Faire revenir les champignons avec un peu d'huile, une pincée d'ail et du sel jusqu'à ce que l'eau soit consommée.
2. Râper une tomate sur le pain.
3. Placer les épinards crus au goût
4. Placer les champignons préalablement sautés.
5. terminer par un filet de vinaigre balsamique de modène sur le dessus.
6. fermer le sandwich.

80. PÂTE D'AREPAS

Ingrédients pour 2 personnes

- 1 pincée de sel
- 1 verre d'eau
- 1 cuillère à soupe d'huile d'olive
- 300 grammes de farine de maïs blanc précuite

Préparation

1. Verser environ une tasse et demie d'eau dans un bol, ajouter le sel et un filet d'huile, ajouter progressivement la farine en la diluant dans l'eau en évitant la formation de grumeaux, pétrir avec les mains en ajoutant petit à petit la farine et l'eau jusqu'à obtention une pâte souple et lisse qui ne

colle pas aux mains. Former des boules moyennes et les aplatir en créant un rond légèrement épais et symétrique. Faites-les frire ou faites-les cuire au four et retirez-les lorsqu'ils sont bien dorés. Ils sont servis à l'instant, accompagnés ou farcis de légumes, tofu, sauce...

81. SANDWICH ROULÉ

Ingrédients pour 6 personnes

- 250 grammes d'huile de tournesol
- 60 grammes d'Olives / Olives Vertes
- 60 grammes de piment de Piquillo (bateau) en lamelles
- 35 grammes de moutarde
- 10 grammes de câpres ou à peine une cuillère à soupe rase (facultatif)
- 0,5 cuillère à café de sel rose de l'Himalaya (pas de l'Himalaya, KALA NAMAK)
- 70 grammes d'asperges blanches en conserve (quatre moyennes plus ou moins)
- 30 grammes de chou rouge

- 450 grammes de pain de blé entier sans croûte (20 tranches, ce qui est un paquet entier)
- 100 grammes de boisson de soja Hacendado
- 1 unité(s) de Dessert au soja naturel avec Sojasun bifidus (bien que j'utilise Sojade)
- 30 grammes de maïs sucré en conserve (deux cuillères à soupe)

Préparation

2. C'est comme un bras gitan salé, a dit ma mère quand elle l'a vu pour la première fois.
3. Et c'est quelque chose comme ça. Cela va un long chemin pour des dîners impromptus ou une entrée colorée ou autre.
4. Si vous le faites avec ce pain spécial à rouler, il sera plus présentable, mais je le fais avec des tranches normales sans croûte du pain et ça a l'air bon.
5. Faites d'abord végétalien (huile + lait de soja + sel de kala namak + une demi-cuillère à café de gomme xanthane si vous en avez un) et mettez-le au réfrigérateur.
6. Humidifiez un chiffon fin ou un grand chiffon et étalez-le sur la table ou le comptoir. Allez placer les tranches de pain très très près les unes des autres, jusqu'à

ce que le torchon soit recouvert. Je le fais généralement en 4 lignes x 5 colonnes.
7. Sortez le végétalien et ajoutez la moutarde et le yaourt et étalez-le sur toute la base.
8. Couper les olives en rondelles (4 en sortir), les asperges en deux dans le sens de la longueur et le chou rouge en lanières.
9. Allez le placer en colonnes en laissant un peu d'espace entre chacune. Je veux dire, une colonne de poivre, une autre d'olives, une autre d'asperges... jusqu'à manquer d'espace.
10. Ensuite, étalez le maïs et les câpres de manière à ce qu'ils soient très fins entre les trous.
11. Maintenant à l'aide du chiffon, roulez très soigneusement la matière parallèlement aux colonnes, et serrez pour qu'elle soit ferme. Une fois assemblé, enveloppez-le en l'enroulant avec le chiffon et mettez-le dans le sac lui-même où le tranchéle pain est venu. Fermez-le avec un élastique, et si ça ne vous donne pas, ce n'est pas grave, alors mettez le caoutchouc sur ce qui dépasse du tissu. Mettez-le au réfrigérateur pendant quelques heures, puis vous pouvez le déballer, le couper et le servir sur de la laitue.

82. SANDWICH LÉGUMES ET CONCOMBRE

5 minutes

Ingrédients pour 1 personne

- 30 grammes de concombre
- 2 cuillères à soupe de fromage à tartiner végétalien à l'ail et aux fines herbes
- 60 grammes de pain de blé entier (2 tranches)
- 1 pincée de jus de citron vert (gouttes)

Préparation

1. Combinaison curieuse mais délicieuse et légère pour un dîner frais et rassasiant. (ou apéritif ou pinchín ou tout ce qui vous vient à l'esprit)
2. Aussi simple que d'étaler le vegadelfia et de couper quelques tranches de concombre.

Ajouter les gouttes de citron vert sur le concombre et tirer : B

83. SANDWICH FALAFEL, PIQUILLO ET VEGAN

Ingrédients pour 1 personne

- 30 grammes de piment de Piquillo (boîte)
- 1 cuillère à café de graines de sésame
- 2 unité(s) de Faláfel
- 2 cuillères à café de Sauce sans lactose sans œufs Hacendado veganesa
- 1 unité(s) de pain de blé entier aux graines

Préparation

1. Nous préparons le falafel (frit ou au four).
2. Nous ouvrons le pain et le chauffons.
3. Nous couvrons de veganesa et mettons le sésame.

4. Nous mettons le falafel et l'aplatissons un peu.
5. On met quelques tranches de piment piquillo.

84. PAIN PIZZA AU BLÉ ENTIER RAPIDE

Ingrédients pour 1 personne

- 1 pincée d'origan
- 50 unité(s) d'Olives / Olives dénoyautées
- 40 grammes de tomates frites emballées
- 20 grammes de fromage de style Vegan Edam Sheese Tout fromage qui fond au four (vegan ou non, selon le convive)
- 40 grammes de maïs sucré en conserve
- 2 unité(s) de Hacendado complet tranché pain

Préparation

1. Le four est préchauffé à la puissance maximale. Les tranches de pain sont légèrement grillées au grille-pain. Ils sont recouverts de la tomate et du reste des

ingrédients au goût. Ils sont mis au four à puissance maximale pendant environ 15-20 minutes et le tour est joué !

85. SANDWICH AU TOFU

Ingrédients pour 1 personne

- 1 unité(s) de tomate(s)
- 1 pincée de pain au goût, j'utilise généralement un demi-pain
- 125 grammes de Tofu Froid

Préparation

1. Nous avons coupé le tofu en fines tranches et nous l'avons passé à travers la poêle jusqu'à ce qu'il brunisse un peu. On coupe la tomate en tranches et on la met à côté du tofu dans le sandwich.

86. PAIN VEGAN CRU AUX GRAINES DE LIN

Ingrédients pour 6 personnes

- 1,5 verre de céleri haché
- 1 verre de carotte râpée ou autre légume de votre choix
- 1 unité(s) d'Eau
- 4 cuillères à soupe de graines de tournesol peuvent être d'autres graines ou mélanges
- 1 verre de graines de lin moulues

Préparation

1. battre les ingrédients jusqu'à obtenir une pâte. Étalez-le sur du papier sulfurisé et déshydratez au soleil pendant 3 ou 4 heures de chaque côté.
2. On peut aussi ajouter des épices comme l'origan, l'aneth, le basilic...

3. il peut être déshydraté au four à moins de 50 degrés et avec la porte ouverte.
4. le pain se conserve jusqu'à une semaine au réfrigérateur.

87. PAIN DE TUYAU

Ingrédients pour 6 personnes

- 2 cuillères à soupe de sel
- 200 grammes d'eau (ml)
- 500 grammes de farine de blé (farine à pain)
- 150 grammes de graines de citrouille / graines (diverses graines)
- 100 grammes d'huile d'olive extra vierge (ml)
- 100 grammes d'huile de maïs (ml)

Préparation

1. Battre l'eau avec le sel et les huiles jusqu'à obtention d'une émulsion.
2. Mettez-le dans un bol, ajoutez la farine et les graines petit à petit, mélangez et

pétrissez jusqu'à obtenir une pâte. Étalez la pâte sur une feuille de papier ciré... et coupez-la au couteau (j'ai découpé des rectangles).
3. Enfournez 25 minutes ou, si vous les voulez plus dorés, 30 minutes au four préchauffé à 180°C.

88. PAIN AUX OLIVES

Ingrédients pour 5 personnes

- 10 grammes de sel
- 500 grammes d'eau (ml)
- 3 cuillères à soupe d'huile d'olive
- 500 grammes de farine de blé
- 250 grammes d'Olives / Olives noires ou vertes au goût
- 1 pincée de levure fraîche un comprimé et demi

Préparation

1. Nous chauffons l'eau au micro-ondes jusqu'à ce que nous l'atteignions et ne la brûlions pas. Environ 35° ou 40° et nous dissolvons la levure et laissons reposer pendant 10 minutes.

2. Versez la farine dans un bol et faites un trou au centre comme un volcan.
3. Maintenant, nous ajoutons l'huile d'olive et les 10 g. de sel. Nous mélangeons bien et commençons à pétrir.
4. Lorsque les ingrédients sont tous intégrés, nous portons la pâte au marbre et continuons à pétrir jusqu'à ce que la pâte ne colle pas à nos mains. Pour cela, nous devons garder à l'esprit que nous devrons continuer à ajouter de la farine, j'ai même ajouté près de 200 g. plus. Le point est connu lorsque la pâte est maniable et ne colle pas aux mains.
5. Maintenant, nous ajoutons les olives que nous avons préalablement coupées en tranches et continuons à pétrir jusqu'à ce que toutes les olives soient bien incorporées dans la pâte, donnant au pain la forme que nous voulons.
6. Laisser reposer le pain sur la plaque de cuisson au-dessus du marbre, pendant une demi-heure ou 45 minutes. On saura que la pâte a levé quand on enfonce son doigt et la trace disparaît en quelques secondes. Saupoudrer le pain d'un filet d'huile et le mettre au four, à 220° pendant environ une demi-heure, jusqu'à ce qu'il soit bien doré. On saura que le pain est cuit quand on le

pique avec un cure-dent et qu'il ressort propre.
7. Une fois sorti du four, on attend qu'il refroidisse un peu et... on mange !

89. SANDWICH AUX POIS CHICHES, BLEUETS ET NOIX

Ingrédients pour 4 personnes

- 40 grammes de Laitue 4 grandes feuilles
- 40 grammes de céleri haché
- 1 pincée de poivre
- 40 grammes de Noix
- 1 pincée de sel
- 10 grammes d'eau 2 cuillères à soupe
- 40 grammes de Pâte de Sésame (Tahini) 4 cuillères à soupe ou mayonnaise végétalienne
- 30 grammes de ciboulette (oignon vert) hachée
- 300 grammes de pois chiches en conserve

- 20 grammes de vinaigre de cidre de pomme 4 cuillères à soupe
- 200 grammes de pain multigrain 8 tranches
- 40 grammes de myrtilles séchées

Préparation

1. Dans un bol, nous préparons la sauce : nous mélangeons du tahini ou de la mayonnaise végétalienne avec l'eau et le vinaigre ; vous pouvez ajouter un peu de sirop de malt.
2. Dans un autre bol, nous écrasons les pois chiches cuits, ajoutons le céleri, les myrtilles, les noix hachées, la ciboulette, le sel et le poivre et la sauce.
3. Nous plaçons une feuille de laitue sur 4 tranches de pain, plaçons la salade dessus et recouvrons d'un autre morceau de pain.

90. PAIN AU ROMARIN ET LIN

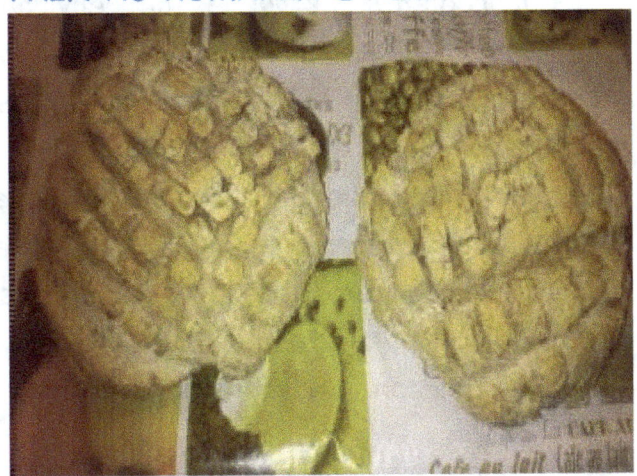

Ingrédients pour 4 personnes

- 1 cuillère à soupe de romarin
- 1 cuillère à café de cassonade
- 350 unité(s) d'eau minérale tibia
- 750 grammes de farine de blé
- 2 cuillères à café de mer sel
- 1 cuillère à soupe d'huile d'olive extra vierge
- 100 grammes de graines de lin
- 25 grammes de levure fraîche

Préparation

1. avec la levure dissoute dans l'eau (la moitié de ce qui est demandé dans la recette) et le sucre, la dissoudre dans un bol en bois et laisser reposer 10 minutes. Mettre dedans

un bol de farine avec la levure et le reste des ingrédients, pétrir le tout environ 10 minutes et quand elle a une bonne consistance, couvrir d'un torchon et laisser fermenter environ une heure et demie, pointer le la plaque du four avec de l'huile et saupoudrer de farine, donner à la pâte la forme désirée et lui donner des coupes en diagonale (5 ou 6) de 1 cm. couvrir à nouveau avec le torchon pendant encore 45 minutes, une fois ce temps écoulé, pétrir un peu jusqu'à l'obtention d'une bonne consistance puis enfourner avec le four préalablement chaud, à 230 degrés entre 40 ou 30 minutes selon la forme que vous avez choisie (brioches, barre, fil...)

91. SANDWICH AU CRESSON ET HOUMMUS

Ingrédients pour 4 personnes

- 1 pincée de sel
- 1 pincée d'huile d'olive
- 200 grammes de pain de blé entier
- 150 grammes de cresson
- 300 grammes de houmous

Préparation

1. Nous lavons le cresson et l'habillons légèrement avec du sel et de l'huile.
2. Tartiner une tranche de pain de houmous, déposer une poignée de cresson dessus et recouvrir d'une autre tranche.

92. PAIN LOURD AUX RAISINS ET AUX NOIX

Ingrédients pour 6 personnes

- 4 unité(s) de Noix pelées
- 5 grammes de sel
- 200 grammes d'eau
- 350 grammes de farine de blé
- 3 cuillères à soupe de raisins secs
- 10 grammes de levure fraîche

Préparation

1. 1.Placez la farine dans un grand bol et faites un trou au centre.
2. On défait la levure dans un bol avec quatre cuillères à soupe d'eau tiède. 3. Versez cette préparation, ainsi que le reste de l'eau tiède et du sel, dans le creux de la farine.

3. Mélanger la pâte petit à petit à la main, jusqu'à ce qu'elle se sépare des parois du bol et présente un aspect homogène et ferme.
4. Nous jetons la pâte sur le plan de travail de notre cuisine, préalablement saupoudrée d'un peu de farine, et pétrissons la pâte pendant 10 minutes, en ajoutant le moins de farine possible dans ce processus.
5. Nous modelons la pâte, soit sous forme de pain, soit sous forme de barre, et la plaçons sur la plaque du four, préalablement farinée.
6. Nous faisons quelques petites coupes dans la partie supérieure et la mettons au four pendant 50 minutes à 190°.

93. SANDWICH AUX GERMES DE LUZERNE

Ingrédients pour 1 personne

- 0,5 unité(s) de tomate en tranches
- 1 pincée de laitue une ou deux feuilles
- 1 cuillère à soupe de carotte râpée
- 30 grammes d'ananas une tranche
- 1 tasse de luzerne germée
- 60 grammes de pain de blé entier deux tranches
- 2 cuillères à café de sauce Hacendado sans lactose et sans œufs

Préparation

1. Tartiner les deux tranches de pain de végétalien.

2. Placer les germes de luzerne, la laitue, la tomate, la carotte râpée et une tranche d'ananas.
3. Chauffer et servir.

94. PAIN DE FIGUES

Ingrédients pour 4 personnes

- 50 grammes de Noix
- 1 pincée de margarine végétale pour étaler le moule
- 100 grammes de farine de blé
- 100 grammes d'amandes crues (sans coque)
- 1 verre d'anis
- 500 grammes de figue séchée
- 5 cuillères à soupe de boisson au riz Yosoy ou n'importe quel légume

réparation

1. Hachez les figues sèches, hachez finement les amandes et mélangez le tout avec la farine dans un bol, hachez les noix et ajoutez-les dans le bol.
2. Ajouter l'anis et le lait végétal. Mélangez bien le tout, étalez un moule avec du beurre et ajoutez le mélange précédent.
3. Couvrir de papier aluminium et cuire à 160°C pendant 30 minutes.
4. Lorsque le pain aux figues est cuit, laissez-le réchauffer et démouler.

95. SANDWICH À LA SALADE DE POIS CHICHES

Ingrédients pour 2 personnes

- 40 grammes de laitue
- 1 unité(s) d'Ail
- 5 grammes de poudre d'oignon
- 0,5 unité(s) de Concombre
- 10 grammes de poireau
  - verre de pois chiche trempé 8 heures
- 1 unité(s) d'Avocat
- 2 pincée de sel
- 30 grammes de cornichons marinés
- 2 grammes d'algues varech
- 1 cuillère à soupe de jus de citron

- 100 grammes de pain de blé entier 4 tranches
- 15 grammes d'oignon frit croustillant

Préparation

1. Nous cuisons les pois chiches, les égouttons et les écrasons avec les algues trempées. Il n'a pas besoin d'être en purée mais plutôt « bosselé ».
2. Hachez les cornichons, le poireau, une gousse d'ail et mélangez-le avec les pois chiches. Assaisonner et ajouter la tofunesa ou la sauce soja.
3. Nous coupons le concombre et l'avocat en tranches.
4. Nous assemblons le sandwich. Sur une tranche, nous mettons une couche épaisse de salade de pois chiches, la recouvrons d'un peu d'oignon frit, de laitue, de concombre et d'avocat. Recouvrir d'une autre tranche de pain. Nous chauffons un peu le sandwich au four.

96. CONCASSEURS

Ingrédients pour 4 personnes

- 100 grammes de pan
- 1 cuillère à café d'huile d'olive extra vierge

Préparation

1. C'est une recette idiote mais je l'utilise beaucoup pour mettre dans des purées ou des soupes et pour profiter du pain qui reste rassis.
2. Nous coupons le pain en petits carrés.
3. On met le pain dans de l'huile très chaude, on prend soin d'en faire le tour pour éviter de brûler jusqu'à ce qu'il soit bien doré.
4. Nous sortons et mettons sur du papier absorbant.

5. Si on veut on peut mettre une gousse d'ail dans l'huile.

97. BOULETTES D'AVOINE

Ingrédients pour 6 personnes

- 250 grammes d'avoine
- 1 verre d'huile de tournesol
- 0,5 verre de sucre blanc
- 175 grammes de farine de blé entier
- 2 cuillères à soupe de graines de chia
- 1 cuillère à soupe d'essence de vanille
- 2 cuillères à soupe de levure chimique

Préparation

1. broyer les graines de chia les tremper dans 1/2 petit verre d'eau. mélanger les ingrédients secs puis ajouter l'huile et le

chia. faire une pâte ferme s'il manque de farine ajouter petit à petit. Former des formes et enfourner 10 minutes de chaque côté.

98. SANDWICH AU PAIN DE SEIGLE AU TOFU VÉGÉTALIEN

Ingrédients pour 1 personne

- 0,5 unité(s) de tomate
- 1 pincée de laitue une feuille
- 0.25 Oignon Unité(s)
- 1 pincée de poivre noir
- 1 pincée de sel
- 50 grammes de Tofu quelques tranches
- 1 cuillère à café de sauce soja (tamari)
- 60 grammes de pain de seigle de blé entier (deux tranches)
- 2 cuillères à café de sauce Hacendado sans lactose et sans œufs

Préparation

1. Mettez le tofu dans une poêle avec un peu d'huile d'olive.
2. Mettez de la sauce soja, un peu de sel et de poivre.
3. Faites-le dorer des deux côtés.
4. Étaler de la viande végétalienne sur du pain de seigle, mettre de la laitue, tranchée tomate, oignon et tofu.
5. Chauffer et servir.

99. BLÉ ENTIER SEIGLE ET PAIN D'ÉPEAUTRE

Ingrédients pour 4 personnes

- 375 grammes d'eau tiède
- 1 cuillère à soupe de mer sel
- 2 cuillères à soupe de graines / graines de citrouille rasas
- 250 grammes d'épeautre (farine de blé entier)
- 250 grammes de farine de seigle entière

Préparation

1. Vous avez également besoin d'1 sachet de levure de blé entier

2. Mélanger les farines dans un bol avec la levure de boulanger et le sel. Ajouter l'eau et mélanger à l'aide d'une cuillère en bois. Il vaut mieux verser l'eau petit à petit, voir si la pâte a besoin de plus ou moins d'eau. Lorsqu'il est bien mélangé, couvrez-le d'une pellicule plastique et laissez-le fermenter pendant 2 heures (voire une nuit et enfournez le lendemain matin). La pâte est introduite dans un moule allongé tapissé de papier sulfurisé, des coupes transversales sont faites en haut et on met les graines de courge par dessus, en pressant pour qu'elles adhèrent bien à la pâte. Cuire au four pendant une heure, les 25 premières minutes à 220 degrés et les 35 minutes restantes à 175 degrés. Il est important que le four soit préchauffé et ne pas ouvrir la porte du four pendant tout le processus.

100. SANDWICH AU SEITAN, POIVRONS RTIS ET CHAMPIGNONS

Ingrédients pour 1 personne

- 1 pincée de poivre
- 1 pincée de sel
- 1 cuillère à soupe d'huile d'olive
- 5 unité(s) de Champignon
- 40 grammes de Pain un petit pain de mie
- 40 grammes de Seitan
- 50 grammes de conserves de poivrons

Préparation

1. Le seitan est coupé en longues tranches et grillé avec du sel et du poivre. Les

champignons sont coupés et un sauté est fait avec de l'oignon et de l'ail émincés. Les poivrons rôtis sont chauffés sur le gril et le pain est légèrement grillé. Lors de l'assemblage du sandwich, le seitan, les poivrons et les champignons sont placés sur la partie inférieure du pain et recouverts de la partie supérieure. Cela peut vous donner un coup de chaleur dans le four.

www.ingramcontent.com/pod-product-compliance
Lightning Source LLC
Chambersburg PA
CBHW070100120526
44589CB00033B/796